정원사의 사계

비밀의 정원에서 창조 영성을 일구며

글 사진 **김순현**

늘봄

이 도서의 국립중앙도서관 출판예정도서목록(CIP)은 서지정보유통지원시스템 홈페이지
(http://seoji.nl.go.kr)와 국가자료공동목록시스템(http://www.nl.go.kr/kolisnet)에서
이용하실 수 있습니다.(CIP제어번호: CIP2019027740)

정원사의 사계 - 비밀의 정원에서 창조 영성을 일구며

지은이 / 김순현
펴낸이 / 조유현
편　집 / 이부섭
디자인 / 박민희
펴낸곳 / 늘봄

등록번호 / 제300-1996-106호 1996년 8월 8일
주소 / 서울시 종로구 김상옥로 66, 3층
전화 / 02)743-7784 이메일 / book@nulbom.co.kr

초판 발행 / 2019년 7월 30일
2 쇄 발행 / 2023년 5월 1일

ISBN 978-89-6555-085-3 03230

정원사의 사계

비밀의 정원에서 창조 영성을 일구며

글 사진 **김순현**

이 도서는 한국출판문화산업진흥원의
'2019년 우수출판콘텐츠 제작 지원' 사업 선정작입니다.

한국 신학과 교회에 내리는
벼락같은 축복

여수 바닷가에 있는 김순현의 '비밀의 정원'을 몇 번 다녀온 적이 있는데, 그곳을 생각하면 지금도 가슴이 두방망이질을 한다. 정원사를 자처하는 그의 숨결과 땀과 묵상과 수고가 깃든 비밀의 정원에 들어 꽃들과 나무와 눈 맞추다 보면, 우리가 그리워하던 낙원이 바로 여기구나 탄성을 토하게 된다.

이 책은 천진난만한 아이처럼 뛰놀며 동동촉촉한 마음으로 정원에 깃든 온갖 생명들과 너나들이하며 깊이 묵상한 기록이다. 우러러보는 경외심을 상실해 우주를 장터로 만드는 세상에 정원사는 단지 화려한 채색의 순천(順天)의 딸들만 보여주는 것이 아니라 그 딸들을 보고 함께 즐거워하는 우주의 주재이신 하나님을 만날 수 있도록 추동한다.

오랜 세월 수천 권의 시 읽기와 유려한 번역으로 내공을 쌓은 그의 첫 저서이기도 한 이 책은 공들여 쓴 문장이 맛깔스럽고, 우리말을 그느르는 정성이 문장마다 배어 있으며, 글의 행과 행 사이의 여백에는 "지금

보다 더 많은 생명이 찾아와 보금자리를 치고 무수한 삶의 신비를 펼쳐 보이는 모습을, 하나님이 지금처럼 드문드문 입술을 갖다 대시는 것이 아니라 무시로 갖다 대시는 광경"(《서문》)이 으밀아밀 스며 있다. 김순현의 이 책은 한국 신학과 교회에 내리는 벼락같은 축복이다.

자기가 쓰는 글과 삶이 어긋나지 않고, 땀 밴 노동에서 우러난 감성과 지성과 영성이 일치하는 책이 어디 그렇게 흔하던가. 하루하루 사는 일이 힘들 때마다 나는 오련한 빛깔로 파도치는 비밀의 정원으로 떠나는 꿈을 꾸곤 한다.

- 고진하 (시인, 목사)

스러지는 것들 속에도 깃든
신적 광휘

처리해야 할 일들이 잔물결처럼 밀려와 마음의 여백이 사라질 때, 울가망한 마음을 가눌 수 없어 바장일 때, 하늘은 잿빛으로 변하고 생기를 잃은 영혼은 납작해진다. 세상의 모든 것들이 시들하게 보인다. 영혼의 전락은 그렇게 발생한다.

경탄을 잃어버린 인간처럼 슬픈 존재가 또 있을까? 만물의 피곤함을 이루 말로 다 할 수 없는 이때에 저자는 가슴 뛰는 하루가 가능하다고, 세상은 신비로 가득 찬 곳이라고 말하며 슬그머니 우리 손을 잡아 정원으로 이끈다. 정원사의 안내에 따라 사계를 지내자 마음이 가지런해지고, 시드럭부드럭 스러지는 것들 속에도 신적 광휘가 깃들어 있음을 알겠다.

꽃과 시와 고전과 묵상과 아름다운 언어가 이루는 만화방창의 세계에 발을 들여놓는 이들은 어쩌면 시간을 잊을지도 모르겠다. 마음이 스산한 모든 이들을 이 진경 속에 초대하고 싶다.

— 김기석 (청파감리교회 담임목사)

목 차

추천사
　　한국 신학과 교회에 내리는 벼락같은 축복 _ 고진하
　　스러지는 것들 속에도 깃든 신적 광휘 _ 김기석

서문 / 아슬아슬한 희망 - 14

1장 / 겨울
　　에덴 프로젝트 - 18
　　신성의 겨냥을 받는 대지 - 26
　　내가 먼저 봄이 됩니다 - 35

2장 / 봄
　　땅에 묻힌 씨앗처럼 - 46
　　생명을 읽다 - 56
　　하나님의 대지에 성심을 다하는 행위 - 60
　　산처럼 생각하고, 산처럼 살기 - 65
　　꽃들의 처방을 받다 - 77
　　매혹의 아우라 - 88

3장 / 여름
　　황혼의 지식에서 여명의 지식으로 - 102

하나님의 빛깔에 젖어드는 사람 - 111
두레우물을 찾아서 - 122
가장 맞춤한 상태에 있으려면 - 130
에로스의 회복 - 134

4장 / 가을
새롭게, 낯설게, 특별하게 - 146
열려 있으면 힘이 된다 - 156
꽃들은 서로 스며든다 - 169
잃어버린 언어를 찾아서 - 180
사는 게 참 꽃 같아야 - 191

5장 / 다시 겨울
기다림의 시간 - 202
고마워, 고라니! - 213
한 해의 끝자락에서 - 214

맺음말 / 광대한 하늘을 우러러 - 221

색 인 - 229
참고문헌 - 234

아슬아슬한 희망

마음을 재촉하는 아침이다. 정원의 식구들이 내 마음을 잡아끈다. 창을 열고 정원을 내다보는 요즘의 내 마음은 마치 창세기의 첫 장을 읽는 듯 두근거림의 연속이다. 가슴 뛰는 하루의 시작인 셈이다. 하루가 다르게 정원이 푸른 옷을 지어 입고 있다. 정원의 초목들 사이사이로 새들이 찾아와 아침을 들었다 놓았다 한다. 나는 주섬주섬 옷가지를 챙겨 입고 바깥으로 향한다. 그런 내 뒤통수에 아내의 한마디가 경쾌하게 꽂힌다.

"또 연애하러 가는 거예요?"

나의 연애행각이 싫지는 않은지, 아내는 긴장하는 기색 없이 배시시 웃기만 한다. 사실 나는 정원 식구들과 연애 행각을 벌이는 중이다. 정원에만 들어서면 내 마음은 오색 옷을 입은 듯 다채로워지는 것이다. "그대가 가장 좋아하는 것이 무엇이냐?" 하고 누가 내게 물으면, 나는 "정원에서 뛰노는 것"이라고 대답하곤 한다. "그대가 가장 하고 싶은 일이 무엇이냐?" 하고 누가 물으면, 나는 "나무 심는 것"이라고 대답하곤 한다. 그만큼 내 마음은 정원의 포로가 된 지 이미 오래다.

정원에 들어설 때마다 나는 언제나 발견의 기쁨에 들뜬 아이가 되어 마음의 돋보기를 꺼내들고 정원 식구 하나하나를 끌어당긴다. 때로는 어루만지고, 때로는 쓰다듬고, 때로는 코를 들이대고 킁킁거리고, 때로는 허락을 구하고 한 잎 뜯어 입에 넣기도 한다. 정원의 꽃 한 송이, 나무 한 그루, 풀 한 포기는 모두 나와 무관하지 않다. 그들은 나의 지향을 바로잡아주는 형제이자 자매인 까닭이다. 정원 식구들은 나를 임에게 이끄는 길잡이, 임의 마음을 가장 생생히 느끼게 하는 단서, 내 발걸음을 임에게 인도하는 현관이다. 정원 식구 하나하나를 끌어당길 때마다 나는 저 형제자매들과 어깨동무하고서 우리의 근원이자 원천이신 하나님을 공유하고 있다는 확신을 굳게 붙잡는다. 가까이 다가가, 손수 심고 가꾼 것들의 이름을 때로는 마음속으로, 때로는 소리 내어 불러본다. "수선화, 히아신스, 튤립, 크로커스, 매발톱, 금낭화, 노루귀, 섬기린초, 돌단풍, 섬초롱꽃, 원추리, 맥문동, 나도옥잠화, 모란, 작약, 천리향, 팔손이, 철쭉, 연산홍, 동백, 금목서, 은목서, 후피향, 매화나무, 산수유나무, 단감나무, 무화과나무, 단풍나무, 돈나무, 호랑가시나무…." 그러면 그들은 내게 '신성하다, 신성하다!' 말한다.

태곳적 인류에게 부여된 성소(聖召)는 정원사의 길이었다. 정원을 그느르고, 정원 식구들에게 이름을 붙여주고 불러주는 일, 정원 식구들이 지어내는 신비에 안기는 일, 그것이 바로 정원사의 일이다. "정원 일은 우주의 가장 깊은 신비에 능동적으로 참여하는 행위다."(토머스 베리) 성서에서 하나님은 정원사의 손길 닿은 정원을 거니시는 것으로 묘사되고 있다.(창 3:8) 말하자면 연인의 모습을 하고서 정원 식구 하나하나에게 다가가시는 것이다. 그 이유는 입 맞추고 포옹하기 위해서다. "자연은 지극히 아름답게 단장되어 있어서 창조주조차도 입 맞추고 포옹하기 위하여 연인으로 가장한 채 자연에 다가가신다."(숀 맥도나휴) 인간은 하나님과 피조물의 입맞춤과 포옹을 중개하는 자리에 서 있다. 그뿐만이 아니다. 정원에 들어선 인간은 하나님의 입술을 자기 입술에 불러들이는 자리에 서 있기도 하다. 그게 바로 정원사의 길이다. 우리 시대에 가장 긴절한 길을 꼽으라면, 나는 정원사의 길을 꼽겠다. 초록 땅별의 지속가능성이 그 길에 달려 있기 때문이다.

남녘에 터 잡고 산 지 십여 년이 지났다. 나무 한 그루 심어져 있지 않은 황량함이 싫어서 예배당 울녘에 부지런히 나무를 심고, 꽃씨를 뿌리고, 가꾸기를 거듭했다. 이제는 제법 예배당 주위가 작은 숲으로 바뀌어 가고 있다. 동시에 내 마음 깊은 곳에도 푸른 숲이 자리 잡고 무성히 자라고 있음을 느낀다. 루미는 "그대에게 생명을 주는 숲이 그대 안에 있어요. 그것을 찾으세요."라고 노래했는데, 나는 바깥의 숲을 통해서 내면의 숲을 찾은 셈이다.

문득 남녘에 첫발을 들여놓던 때가 생각난다. 2월말에 이사를 했다. 날씨는 춥고 쌀쌀했다. 반기는 교우 하나, 집 지키는 개 한 마리 없이, 그저 썰렁하기만 하던 교회당에 들어앉아 기도를 바치는데 눈물이 주르륵 흘러내렸다. 내가 좋아서 찾아온 길이었지만, 앞으로 우리 가족에게 닥쳐올 외로움의 깊이를 생각하니, 그저 막막한 빈들 한가운데 던져진 것 같은 느낌이었다. 대충 이삿짐을 풀고 교회당 주변의 황량한 뜰을 거니는데 내 눈을 사로잡는 것이 있었다. 비탈진 뜰에 1년생 소나무 한 그루가 흙 한 줌을 겨우 움켜쥐고서 위태하게 서 있었다. 내 모습을 보는 듯했다. 소나무 묘목을 보는 순간 나는 아슬아슬한 희망을 떠올렸다.

솔씨 하나 앉았었나?
예배당 곁 비탈진 뜰에
움튼 지 1년은 됐을까
어린 소나무 한 그루 위태하게 서 있었다.

서둘러 축대 쌓고
흙도 푸짐하게 돋우어 주었다.
가파른 뜰에 뿌리내려
한 줌 흙 겨우 움키고 무슨
상징처럼 다가온
아슬아슬한 희망이 무너질까봐.

그 어린 소나무가 이제는 내 키를 훌쩍 넘어섰다. 내 아슬아슬한 희망도 그만큼 컸을라나? 적어도 아슬아슬함만은 면한 것 같다. 소나무와 함께 자라는 내 희망, 정원의 식구들과 함께 어깨를 견주며 키를 재는 내 영혼에도 물이 오르고 있음에 틀림없다.

정원 식구들 하나하나가 존재의 영광을 드러내는 일에 힘쓰고 있음을 본다. 존재의 영광은 다름 아닌 하나님의 영광이다. 피조물 하나하나가 드러내는 존재의 영광을 간취하는 행위는 또 하나의 '거룩한 독서행위(lectio divina)'다. 그것은 생명의 둥우리에서 창조주 하나님을 읽는 행위다. 마이스터 에크하르트는 이렇게 말한다.

> 만물 안에서 하나님을 느끼십시오. 하나님은 만물 안에 계시기 때문입니다. 개개의 피조물은 하나님으로 가득 차 있습니다. 그리고 하나님에 관해 기록된 한 권의 책입니다. 개개의 피조물은 하나님의 말씀입니다.
>
> -『Meditations with Meister Eckhart』, Bear & Company, p14

우리는 가죽 장정의 성서도 읽어야 하지만, 무엇보다도 우주라는 책을 읽는 사람이 되어야 한다. 우주의 가슴팍에는 하나님의 말씀이 깊이 새겨져 있기 때문이다.

존재자들이 드러내는 존재의 영광은 신비 중의 신비가 아닐 수 없다. 그것은 삶 자체가 엄청난 신비임을 알린다. 나의 정원 찾기는 그 신비에 뛰어들어 안기는 일이고, 정원을 거니시는 하나님을 만나는 일이며, 그분의 입술을 부르는 또 하나의 성스러운 행위다. 그것은 우주가 펼쳐 보이는 다채로운 신비에 적극적으로 뛰어드는 행위이기도 하다.

정원의 한 귀퉁이에 서서 눈을 감고 마음속으로 그려본다. 내가 딛고 선 이 작은 숲과, 아슬아슬함을 겨우 면한 내 안의 숲이 울창하게 자라서 시원한 그늘을 드리우는 모습을, 지금보다 더 많은 생명이 찾아와 보금자리를 치고 무수한 삶의 신비를 펼쳐 보이는 모습을, 하나님이 지금처럼 드문드문 입술을 갖다 대시는 것이 아니라 무시로 갖다 대시는 광경을, 그분의 입술에 닿아 벅찬 숨소리 끝없이 이어지고, 황홀에 겨운 웃음소리 무시로 터져 나오는 내 영혼의 모습을.

2019년 7월
갈릴리 바닷가 '비밀의 정원'에서
김순현

1장

겨울

에덴 프로젝트

신성의 겨냥을 받는 대지

내가 먼저 봄이 됩니다

에덴 프로젝트

'비밀의 정원' 조성기

모든 일에는 다 때가 있다.(전 3:1) 정원 일은 더더욱 그러하다. 심을 때가 있으면 뽑을 때가 있고, 필 때가 있으면 질 때가 있으며, 생장할 때가 있으면 생장을 멈출 때도 있다. 강림절과 성탄절과 주현절을 아우르는 이 시기는 정원의 모든 것이 생장과 활동을 멈추고 깊은 휴면에 들어, 엄동의 삭풍과 추위를 견디며 내실을 기하는 시기다. 그래서 이 시기의 정원은 볼품이 없다. 눈에 띄는 거라곤 무서리에 스러진 초화들, 구석구석에 수북이 쌓인 검부러기, 바람 부는 대로 이리저리 날리다가 뒹구는 낙엽들, 살을 에는 칼바람에 몸을 잔뜩 움츠린 나목들뿐이다. 지난봄부터 늦가을까지 무성한 잎들에 가려져 좀처럼 보이지 않던 맨흙도 군데군데 드러나, 겉만 보면 아무것도 심기지 않은 맨땅처럼 보인다. 스산하고 을씨년스러운 모습이다. 그래도 정원사는 실망하거나 낙담하지 않는다. 수선화, 튤립, 히아신스, 크로커스 등 봄에 청초한 자태와 알록달록한 빛깔과 그윽한 향기를 뽐낼 구근들이 땅속 구석구석에 심기어 동면에 들었음을 알기 때문이다. 그 구근들은 땅속 어두운 곳에서 추위와 맞서 싸우며 발아와 생장에 쓸 힘을 온축하고 있을 것이다. 그러니 이제 정원사에게는 봄꽃을 보기까지 수행하는 기나긴 기다림의 시간이 남아 있을 뿐이다. 그 시간은 봄 길을 열고 봄빛으로 다가오시는 임께서 동반해 오실 무수한 꽃의 모습을 마음속에 그리는 그리움의 시간이기도 하다. 기다림과 그리움의 시간! 정원사의 겨울나기에 없어서는 안 될 필수요소다. 겨우내 그렇게 애틋하고 살뜰한 시간을 보내리라 생각하니 맥박이 빨라지고, 두근거림과 떨림과 설렘이 가슴속에 가득 차오른다.

둥둥 북을 울리듯 두근거리는 마음을 안고 '비밀의 정원'을 거니는데, 문득 열세 해 전 이 정원을 처음 일구던 때가 떠오른다. 목회 초입부터 줄곧 나무 심고 꽃 가꾸기를 즐겨하며 창조 영성의 샘물을 마셔온 몸이니, 생명의 주님을 본받아 대지(大地)와 동무하고, 대지에서 자라는 생명

모두 내어준 후 봄을 기다리는 비밀의 정원

을 알아야만 생명에 대해, 그리고 생명과 생명이 어우러져 이루는 조화와 평화에 대해 실답게 말할 수 있겠다 싶었다. 게다가 갈릴리교회는 주님이 내게 맡겨주신 '주님의 밭(ager Domini)'이지 않던가! 이 밭을 낙원을 얼핏 보여주는 정원으로 만들고 싶었다. 하나님이 에스겔의 입술을 통해 하신 말씀 그대로 하고 싶었다. "이전에는 지나가는 사람들이 황폐한 땅을 보며 지나다녔으나, 이제는 그곳이 묵어 있지 않고, 오히려 잘 경작된 밭이 될 것이다. 그래서 사람들이 말하기를 황폐하던 바로 그 땅이 이제는 에덴동산(the garden of Eden)처럼 되었다고 할 것이다."(겔 36:34-35) 파울로 코엘료의 글귀가 생각난다.

사람들은 각자 자기의 삶에서 두 가지 태도를 취할 수 있다고 한다. 건물을 세우거나, 혹은 정원을 일구거나. 건물을 세우는 사람들은 그 일에 몇 년이라는 세월을 바치기도 하지만, 결국 언젠가는 그 일을 끝내게 된다. 그리고 그 일을 마치는 순간, 그는 자신이 쌓아 올린 벽 안에 갇히게 된다. 건물을 세우는 일이 끝나면, 그 삶은 의미를 잃고 만다. 하지만 정원을 일구는 사람들도 있다. 그들은 몰아치는 폭풍우와 끊임없이 변화하는 계절에 맞서 늘 고생하고 쉴 틈이 없다. 하지만 건물과 달리 정원은 결코 성장을 멈추지 않는다. 또한 정원은 그것을 일구는 사람의 관심을 요구하는 동시에 그의 삶에 위대한 모험이 함께 할 수 있도록 해준다.
　　　　　　　　　　　　　　　　　　　　　-『브리다』, 문학동네, 16-17쪽

벌과 나비와 새와 사람 등 온갖 숨탄것이 찾아와 생명과 평화의 환희에 젖어드는 정원 만들기! 누구나 찾아와 향내 나는 삶의 비결을 배울 수 있는 정원 만들기! 생명을 아끼시는 하나님의 마음을 체득할 수 있게 하는 정원 만들기! 놀람과 감탄과 "아하 체험"을 돋우는 기쁨의 정원 만들기! 상상만 해도 가슴이 벅차오르는 '에덴 프로젝트(Eden project)'가 아닐 수 없었다. 모든 정원에는 낙원을 맛보여주는 힘이 어느 정도 잠재하고 있다. 낙원 맛보기가 가능하려면, 누군가가 정원을 일구기 위해 수고하며 이마에 땀방울을 흘리지 않으면 안 된다. 조금의 고투라도 없으면, 환희는 있을 수 없다. 그 환희를 경험하기 위해 수고의 땀방울을 아끼지 않는 정원사가 되고 싶었다.

그 당시 갈릴리교회에는 텃밭이 딸려 있었다. 150평 규모의 텃밭을 교우들 세 가정이 갈라서 부치고 있었다. 그 교우들은 저마다 자기 소유의 논과 밭을 일구고 있는 분들이기도 했다. 그래서 그분들에게 양해를 구했다. "목사도 흙을 알고, 생명을 알아야 하니, 이제부터는 제가 교회 텃밭을 관리해보렵니다. 꽃도 심고 정원수도 심어 아름다운 정원으로 가꾸어 보렵니다." 그리하여 갈릴리교회 텃밭은 정원으로 변모하기 시작했다.

하지만 막상 정원을 일구기 시작하자, 버거운 난제로 다가오는 것이 한둘이 아니었다. 축대용 돌들 확보하기, 축대 쌓기, 화단과 화단 사이에 통로 만들기, 화단에 투입할 흙 확보하기, 기존의 밭에 무수히 자리한 잡석 골라내기, 해마다 무성히 돋아나는 잡초 제거하기, 너른 화단에 식재할 화목(花木)과 화초 입수하기, 짬짬이 재배법과 번식법 익히기 등등. 하나같이 엄청난 노동력과 땀방울과 비용을 요구하는 일들이었다.

그런데도 십여 년이 넘도록 지치지 않고 '비밀의 정원'을 일구며 정원사로 자칭하게 되었으니, 이는 모두 생명의 주님을 닮고자 하는 열의에 주님이 베풀어주신 크나큰 은총이다.

생명의 주님 닮기

그리스도인은 무엇으로 생명의 주님을 닮아갈 수 있을까? 정원사의 길을 걷는 것으로 주님을 닮아갈 수 있다. 나는 정원사의 길을 걷는 것이야말로 모든 사람, 특히 모든 그리스도인의 일차적 성소(聖召)라고 힘주어 말하곤 한다. 창조주 하나님은 손수 창조하신 아담을 데려다가 에덴에 두시고, 그곳을 맡아 돌보게 하셨다.(창 2:15) 인류의 대명사 아담에게 부여되었던 것이니만큼, 정원사의 길은 모든 인간이 가장 우선적으로 회복하고 걸어야 할 참으로 바람직한 길임에 틀림없다. 우리 시대에 가장 절실한 소임을 꼽으라면, 나는 주저하지 않고 정원사의 소임을 꼽는다. 그 소임을 외면하거나 무시했을 때, 우주를 구성하는 생명들에게 어떤 재앙이 닥칠지 눈에 선하기 때문이다.

정원사의 길은 생명의 주님을 닮아가는 지름길이다. 어째서 그런가? 생명의 주님은 정원사의 모습으로 부활하셨기 때문이다.(요 20:15) 17세기 영국 시인 롤런드 왓킨스의 「정원사」라는 시가 떠오른다.

> 마리아는 하루 종일 무덤을 지키네. 서서 울기도 하고,
> 예수께서 누워 계시던 무덤 속을 들여다보기도 하면서.
> 찾고 있던 분을 찾았건만,

알아보지 못하네,

주님의 얼굴을.

그분은 이제 정원사이신 것을.

14세기 영국 수도자 노리치의 줄리안은 부활하신 주님을 환시(幻視)
중에 보고 그분이 하시는 일을 다음과 같이 생생히 묘사한다.

나는 주인이 상석에 앉아 있고, 종이 그 주인 앞에 공손한 모습으로
서 있는 것을 보았습니다. … 외견상, 그(종)는 일할 준비가 된 일꾼의
차림을 하고서 주인 가까이 서 있었습니다. … 그는 낡아서 군데군데
해진 가운을 입고 있었습니다. 그것은 그의 몸에서 나는 땀에 전 채
너무 꽉 조여서 바스러지기 쉬운 상태였습니다. 그의 무릎 아래 한 뼘
가량은 곧 닳아 없어질 것처럼 올이 드러나 보였습니다. 당장이라도
누더기가 되어 찢어질 것처럼 보였습니다. … 그의 지혜는 주인을 기
쁘게 해드릴 만한 일이 하나 있음을 속으로 알아차렸습니다. 그는 자
신을 돌보지 않았습니다. … 주인이 보내자, 그는 곧장 밖으로 내달렸
습니다. … 대지에는 주인이 사랑하는 보물이 하나 있었습니다. … 그
는 대단히 멋지고 대단히 어려운 일을 하려고 했습니다. 그는 정원사
가 되어 땅을 파고, 도랑을 내고, 땀을 흘리고, … 때를 따라 초목들에
게 물을 주려고 했습니다. 그는 고생을 참아가면서 냇물이 졸졸졸 흐
르게 하고, 당도 높은 열매가 많이 열리게 하려고 애썼습니다.

– 『Showings』, Paulist Press, the fifty-first chapter에서

뭇 생명이 조화를 이루는 세상, 곧 생명 세상을 만드는 구명수는 실로 다양하겠지만, 정원사의 길만큼 생명의 주님을 닮아가는 데, 생명 살림의 세상을 만드는 데 꼭 필요한 한 가지(눅 10:42)도 없지 싶다. 정원은 생명과 생명이 조화를 이루는 낙원의 상징이자, 우리가 잃어버렸던, 그러나 상속받게 될 완벽한 고향의 상징이기 때문이다.

이 세상, 하나님의 밭

낙원의 상징인 '비밀의 정원' 한 귀퉁이에 서서 이 세상을 생각한다. 예수님은 포도원과 소작인의 비유(마 21:33-44)에서 창조주 하나님을 포도원 주인에 빗대어 이렇게 말씀하신다. "어떤 집주인이 있었다. 그는 포도원을 일구고, 울타리를 치고, 그 안에 포도즙을 짜는 확을 파고, 망대를 세웠다. 그리고 그것을 농부들에게 세로 주고, 멀리 떠났다." 예수님은 하나님이 창조하신 이 세상을 포도원 주인이 공들여 일군 포도원에 비유하시며, 하나님이 그것을 사람에게 맡기셨다고 말씀하신다. 이를테면 이 세상은 하나님이 열과 성을 다해 일구신 '하나님의 밭(ager Dei)'이라는 것이다.

인간의 무지막지한 개발과 파괴로 만신창이가 되어가고 있지만, 그럼에도 이 세상은 여전히 하나님의 밭이다. 토머스 트래헌은 다음과 같이 말한다.

이 세상은 무한한 아름다움을 비추는 거울이건만, 사람은 그것을 보지 않는다. 이 세상은 장엄한 사원이건만, 사람은 그것을 주목해서 보지 않는다. 이 세상은 빛과 평화의 영역이다. 누구도 그것을 흔들지 못했다. 이 세상은 하나님의 낙원이다. 타락한 인간에게는 더더욱 그러하다. 이 세상은 천사들이 머무는 곳이자 하늘로 통하는 문이다. 야곱은 잠에서 깨어나 이렇게 말했다. "하나님이 이곳에 계시는데도, 내가 미처 그것을 몰랐구나. … 이곳은 다름 아닌 하나님의 집이다. 여기가 바로 하늘로 들어가는 문이다."

- 『Centuries of Meditations』, Cosimo, 1:31

"무한한 아름다움을 비추는 거울", "빛과 평화의 영역", "하나님의 낙원"인 이 세상을 하나님은 우리에게 맡기셨다. "세로 주고"라는 표현이 우리의 눈을 오래 붙잡는다. 이는 주인이 따로 있음을 잊지 말라는 표현이다. 바꿔 말하면, "망대를 세웠다."는 표현에서 알 수 있듯이, 잘 지키고 잘 돌보라고 맡겨주신 것이지, 소유하거나 파괴하라고 주신 게 아니라는 거다. 우리는 하나님의 밭을 위임받은 사람들이지 그 밭의 주인이 아니다. "우리는 뜨내기일 뿐 촌장이 아니다."(루미)

이 세상, 곧 하나님의 밭은 돌봄의 손길을 필요로 한다. 돌봄의 손길은 곧 정원사의 손길이다. 우리는 너나없이 그 밭을 잘 돌보라고 부름 받은 정원사들이다. 창조 세계를 돌보는 것은 성령의 성전인 우리 몸을 돌보는 것에 뒤지지 않는 참으로 바람직한 책무다. 하나님은 그 책무를 사람에게 맡기셨다. 그 책무는 모든 창조물에 대한 그분의 위대한 사랑의 상징이다. 그러니 우리 모두 그 위대한 사랑에 깊이 참여하는 정원사가 되어, 하나님의 밭을 낙원처럼 가꾸어가고 볼 일이다.

신성의 겨냥을 받는 대지

봄소식을 수소문하다

살을 도려낼 것만 같은 칼바람으로 모든 것을 잔뜩 움츠리게 하는 한 겨울 추위에 참 많이도 시달렸다. 북새바람이 허공을 울리며 사정없이 다가들면, 산등성이와 골짜기는 고슴도치인 양 억센 갈기를 곧추 세운 채 떨어댔고, 섬으로, '비밀의 정원'으로 들이닥치는 바람이 어찌나 매섭고 혹독하던지, 정원사의 마음은 시리다 못해 진저리를 쳐댔다. 마음이 저 여염집 빨랫줄에 널려 바짝 건조된 물메기와 아귀처럼 속절없이 마르기만 했다. 마음속에 졸졸졸 흐르던 샘물 소리가 더는 들리지 않았다. 마음속 샘가에 파릇하니 자라던 풀숲도 누렇게 퇴색하고 말았다. 이따금 숨탄것이 다가와 귀를 쫑긋 세웠으나 물 흐르는 소리를 듣지 못하고 발길을 돌렸다. 마른 샘이 다시 살져 맑은 물 솟구칠 그날을 고대하며, 나는 겨우내 섬 한가운데 시신처럼 누워 있었다. 마르기만 할 뿐 물은 고이지 않았다. 맑은 물 솟구칠 그날이 오긴 하는 것일까? 추위와 건조가 중단 없이 지속되었으므로, 한겨울에 접어들면서부터 봄꽃을 보기까지 지며리 수행하며 보내겠다고 했던 기다림과 그리움의 시간이 너무나 길게만 느껴졌다.

봄소식이 간절했다. 봄이 얼마쯤 왔을까? 어찌나 궁금한지 하루에도 몇 차례씩 '비밀의 정원' 구석구석을 바장이며 들여다보고, 쌓인 낙엽들을 들춰보며 봄소식을 수소문하는 게 요즘의 내 일과 중 하나다. 나처럼 겨우내 동장군의 위세에 짓눌린 정원사라면 답답할 정도로 감감한 봄소식에 조급증을 내지 않을까 싶다. 시인도 그랬나 보다, 그 조급증을 익살스레 표현한 것을 보면.

마을 사람들은 되나 안 되나 쑥덕거렸다.
봄은 자살했다커니
봄은 장사지내 버렸다커니

그렇지만 눈이 휘둥그레진 새 수소문에 의하면
봄은 뒷동산 바위 밑에, 마을 앞 개울
근처에, 그리고 누구네 집 울타리 밑에도
몇날 밤 우리들 모르는 새에 이미 숨어 와서
몸단장들을 하고 있는 중이라는
말도 있었다.

- 신동엽, 「봄의 消息(소식)」 부분

그렇게 봄소식을 수소문하던 차에 반갑게도 입춘(立春)을 맞았다. 아

직 가물가물하긴 해도 바야흐로 봄의 시작인 것이다. 심사가 배배 꼬여 칼바람을 사정없이 휘두르며 대지와 만물을 꽁꽁 얼리던 동장군도 이제 더는 어쩌지 못하고 꽁무니를 빼리라.

'비밀의 정원' 구석구석 수선화, 튤립, 히아신스, 크로커스 알뿌리들이 묻혀 있는 곳을 유심히 살펴본다. 혹독한 포란기인 겨우내 구근들을 품고 있던 대지가 여린 아기 순들을 손톱만큼씩 밀어 올려, 여전히 살천스런 늦겨울 바람에 꺾일세라 상할세라 정성스레 흙 포대기에 싸서 업고 있다. 그 모습이 눈물겹도록 훈훈해 보인다. 나는 만물을 업어 기르는 대지의 모습에서 우리를 업으신 예수 상(像)을 본다. 예수께서 업으신 십자가는 다름 아닌 온 인류이니까. 문득 인디가수 인디언수니의 노래가 떠오른다.

> 자작나무 숲으로 업히러 간다.
> 나이테는 나이테를, 가지는 가지를 업고,
> 마디 굵은 솔가지는 부엉이를 업고,
> 곤충마저 휘어져라 업고 있다.
> 그렇게 서로의 이름표를 업어주지 않았다면,
> 서로의 체온과 슬픔을 업어주지 않는다면,
> 바닥이 빛나는 것들을 업어주지 않는다면,
> 어미가 어부바 우리를 업어주지 않았다면,
> 지금 그 무엇도 남아 있지 않으리.
> 따뜻한 등을 껴안지도 못하였으리.
>
> – 임의진 시, 인디언수니 곡, 「바닥이 빛나는 것들을 업고」 전문

　지속가능한 세상의 전제조건으로 어부바 업어주기를 꼽다니, 참 그럴싸한 통찰이지 않은가? 무언가 혹은 누군가 바닥이 되어 업어준 덕분에 우리는 지금 빛나는 존재로 살고 있다. 이 무렵의 대지는 그 사실을 일깨우며 우리에게 침묵의 언어로 곡진히 말한다. 바닥의 고마움을 잊지 말라고, 그대도 바닥이 되어 누군가를 업어주어야 한다고, 빛이 닿으면 그늘진 곳이 환해지듯이, 빛나는 그대가 누군가를 업어주면 그 사람도 환해지고 따스해진다고, 세상의 빛(요 8:12)으로 오셔서 그대를 업고 계신 예수님이야말로 그대의 진정한 바닥이라고.

민들레의 영토

대지의 곡진한 전언을 마음갈피에 아로새기며 정원에서 또 다른 봄소식을 수소문한다. 반갑게도 로제트(rosette)의 일종인 한 식물이 눈에 들어온다. 겨우내 추위에 시달려서일까. 가장자리가 다갈색이고, 중심은 검퍼렇다. 앉은뱅이로도 불리며, '비밀의 정원' 구석구석에서 자라는 이 식물은 아내가 참 좋아하는 식물이다. 아내는 종종 그 잎사귀들을 뜯어 쌈을 싸먹곤 하는데, 묘한 중독성이 있다고 한다. 이 식물은 여러해살이 풀로서 이곳 남녘에서는 봄부터 초겨울까지 쉴 새 없이 잎사귀를 내고 꽃대를 밀어 올려 왕성한 생장활동을 수행한다. 밭, 길가, 옥토, 빈들, 흙을 쌓아 바른 담장, 약간의 흙이라도 품은 바위틈 등 장소를 가리지 않고 홀씨로 내려앉아 앉은자리를 재(再)영토화 한다. 그 자리에서 힘차게 움을 틔우되, 잎사귀를 하늘로 치솟게 하지는 않는다. 오로지 뿌리 윗부분에서 모여 나온 잎들을 땅바닥에 바짝 붙인 채 대지의 성품, 이른바 '땅성(earthiness)'을 익히는 일에만 골몰한다. 그야말로 오체투지다. 그렇게 한없이 낮은 자세로 바닥을 기다가, 장하게도 어느 순간 보드라운 꽃대를 밀어 올리고, 마침내 태양을 닮은 꽃등을 내걸어 주위를 환히 밝힌다. 그러고는 기어이 깃털처럼 가벼운 홀씨들을 창공으로 흩날려 보낸다. 다름 아닌 민들레다.

나는 민들레를 볼 때면 신성과 인성을 한 몸에 아우른 신인(神人) 예수, 위에 서지 않고, 늘 아래에 계셨던 예수님을 떠올린다. 우리말의 "알짬, 본질, 실체"를 뜻하는 라틴 낱말은 '숩스탄시아(substantia)'다. 숩스탄시아는 "아래에 서 있는 것"을 의미한다. 글자 뜻 그대로 숙이거나 납

민들레 로제트

죽 엎드림으로써 굳건히 서는 것을 의미한다. 이 숩스탄시아는 겸덕(謙德), 곧 겸손을 뜻하는 라틴 낱말 '후밀리타스(humilitas)'와도 의미가 통한다. 후밀리타스는 땅(흙)을 의미하는 라틴 낱말 후무스(humus)에서 유래한 것으로서 땅(대지)을 가까이 하는 마음자세, 곧 땅성을 의미한다. 땅은 늘 아래에 있고자 할 뿐 절대로 위에 있으려고 하지 않는다. 이 숩스탄시아와 후밀리타스를 가장 완벽하게 겸비하신 분이 예수님이다. 예수님은 숙이고 납죽 엎드림으로써 자유자재로 움직이는 삶(빌 2:6-11), 아래에 있으면서 굳건히 서는 삶의 원형이시고, 우리를 그런 삶으로 부르신다.

신성의 겨냥을 받는 대지

세상이 예수님의 부르심과 정반대로 돌아가는 것만 같아 안타깝다.

신자유주의 경제체제는 무한경쟁과 무한성장을 기치로 내걸면서 현대인들에게 '사다리'를 가장 이상적인 상징으로 제시한다. 그런 다음 만물이 어깨동무하고 노래하는 대지, 만물이 어우러져 기쁨의 춤사위를 펼치는 대지 한가운데 사다리를 우뚝 세우고는 "사다리의 가로대를 타고 저 높은 곳을 향해 날마다 올라가야 해. 마천루의 정상으로 먼저 올라가는 자만이 생존할 수 있어."라고 으르댄다. 사다리 이미지를 내면화한 사람은 내남없이 백척간두로 이어진 사다리의 가로대를 오르면서 추락하지 않으려고 안간힘을 쓰게 마련이다. 가로대를 한 칸 한 칸 오를 때 맛보는 성취감 외에는 그들을 사로잡는 기쁨이 없다. 그래서 자연히 잔치를 잃어버리고, 축제를 놓쳐버리고, 하나님 나라를 맛볼 꿈도 꾸지 못한다. 기독교계 안에도 그 사다리의 정상에 오르려고 안달하는 이

크로커스 새 움

가 한둘이 아니다. 뽕나무를 타고 올라간 로마제국 세무서장 삭개오처럼, 천부당만부당하게도 사다리 정상에 올라서야만 주님의 주목을 받을 수 있다는 거다.

형식이 어떠하든, 모든 사다리의 정상에는 권좌(權座)라는 것이 똬리를 틀게 마련이다. 권좌는 어떤 속성을 가지고 있는가? 권좌를 차지한 사람은 제 옆에 경쟁상대가 다가오는 것을 경계하기 십상이다. 헤롯은 "유대인의 왕으로 나신 이가 어디에 계십니까?"라는 동방박사들의 물음을 듣고 당황한 나머지 "베들레헴과 그 가까운 온 지역에 사는, 두 살짜리로부터 그 아래의 사내아이를 모조리" 죽인다.(마 2:2-3, 16) 권좌가 너무 좁아서, 남과 함께 앉으면 그곳에서 중심을 잃고 떨어지는 수가 있기 때문이다. 권좌를 차지한 사람이 경쟁상대를 누르고, 폭력과 전쟁이라는 극단적 수단까지 동원하는 것은 그 때문이다. 그러니 거기에 무슨 기쁨이, 무슨 잔치가 있을 것이며, 어찌 하나님 나라가 둥지를 틀겠는가? 권좌는 정현종 시인이 질타한 대로 "저주의 수렴", "치욕의 원천", "강력한 오점"이다.

예수님은 사다리 정상에 오르려고 하는 삭개오에게 "어서 내려오너라." 말씀하신다.(눅 19:5) — '네가 서 있는 곳은 위험한 곳이니 속히 내려오너라. 추락의 위험이 없고, 낮고 낮아 안전하고, 춤과 노래, 웃음과 기쁨, 놀람과 감탄이 분수처럼 솟구치는 대지로 속히 내려오너라.' — "내려오라"는 말씀은 '겸손하라'는 뜻으로 읽히지만, 앞서 말한 후밀리타스, 곧 땅성을 기르라는 뜻으로 새겨 읽는 것이 더 바람직한 독법이겠다.

도대체 대지는 어떤 곳이기에, 예수님이 이처럼 삭개오를 절박하게 불러 내리시는 걸까? 힐데가르트 폰 빙엔은 대지의 특장을 다음과 같이 표현한다.

> 대지는 어머니다. 대지는 자연적인 모든 것의 어머니, 인간적인 모든 것의 어머니다. 대지는 만물의 어머니다. 만물의 씨앗을 품고 있기 때문이다. 인간의 대지는 모든 습기, 모든 신록, 싹틔우는 힘을 품고 있다.
>
> – 『Meditations With Hildegard of Bingen』, Bear & Co, p58

대지(흙)는 인간 창조의 재료이자 성육신의 소재였다. 신성은 바로 이 대지를 겨냥한다. 참 신앙인이라면 "어서 내려오라."는 예수님의 말씀을 자신에게 건네신 말씀으로 알아들을 것이다. 그는 허공에서 허우적거리기를 멈추고, 하늘마저 기꺼이 투신하는 대지로, "만물의 어머니"이자 "싹 틔우는 힘을 품은" 대지로 과감히 뛰어내릴 것이다. 대지는 그런 그를 어머니처럼 다사롭게 품어줄 것이다.

완연한 봄이 오려면 좀 더 기다려야 하지만, 손톱만큼 자란 여린 순들을 흙 포대기에 싸서 업고 있는 이 무렵의 대지와, 땅바닥에 납죽 엎드려 대지의 성품을 익히는 일에 골몰하는 이 무렵의 민들레는 신성의 겨냥을 받은 자가 어찌 살아야 하는지를 말없는 몸짓으로 묵직하게 말한다. 나는 그들을 보면서, 죽는 날까지 대지를 성실히 사랑하고, 대지의 과업들, 대지의 아픔과 눈물들, 대지의 기쁨들을 물리치지 않고, 대지의 어떤 수수께끼도 무시하지 않으리라 다짐했다.

내가 먼저 봄이 됩니다

봄을 깨우는 사람

'평화올림픽'의 기치를 내걸고 평창 동계올림픽이 한창 진행 중이다. 이 올림픽을 기점으로 그동안 한 치 앞도 내다볼 수 없게, 평화의 봄노래를 부를 수 없게 꽁꽁 얼어붙었던 남북관계가 아슬아슬하게나마 풀리고 있어서 참 다행한 일이 아닐 수 없다. 유엔 대북 제재 속에서 이루어지고 있는 남북관계의 해빙을 계기로 북미대화도 성사되어, 느릿느릿 더디게만 다가오는 평화의 봄을 힘차게 끌어당기고, 기어이 핵문제 해결을 위한 큰 걸음을 성큼성큼 떼었으면 하는 마음이 간절하다. '코피 공격'(bloody nose attack), '전략적 인내 정책이 끝났다' 같은 말이 미국 쪽에서 흘러나오고 있어서 우려스럽지만, 또다시 냉전 상태로 돌아가서, 시편 작가처럼 "내가 지금까지 너무나도 오랫동안, 평화를 싫어하는 사람들과 더불어 살아왔구나. 나는 평화를 사랑하는 사람이다. 그러나 내가 평화를 말할 때에, 그들은 전쟁을 생각한다."(시 120:7)라고 탄식하거나, 역대지하의 여호사밧처럼 "우리는 어찌할 바를 알지 못하고 이렇게 주님만 바라보고 있을 뿐입니다."(대하 20:12) 하고 탄식하는 일이 더는 벌어지지 않았으면 좋겠다.

　이 와중에도 자연의 시간은 시나브로 입춘과 우수를 지나 경칩을 향해 흘러가고, 교회력의 시간은 주현절을 뒤로하고 사순절에 접어들어 부활절로 나아가고 있다. 지금은 음력 정월 기간! 농가월령가의 정월 노랫말은 이렇게 시작된다. "정월은 이른 봄이라 입춘우수 절기로다. 산속 깊은 골짜기에 얼음과 눈이 남아 있으나, 교외의 너른 들판 광야에는 구름 빛과 사물 빛이 바뀌었도다." 농사 준비를 위해 대지의 상태와 하늘빛을 살피던 농부들의 지혜를 담은 노랫말이다. 이때부터 정원사는 마음도 몸도 바빠지게 마련이다. 대지가 동토의 상태에서 폭신폭신한 상태로 바뀌어, 봄맞이 정원 일을 속히 시작하라고 신호를 보내기 때문이다. 감성이 예민한 정원사는 그 신호를 허투루 보아 넘기지 않는다. 그 신호만큼 반가운 봄소식이 있을까. 그것은 시인이 눈밭에서 자신이 남긴 발자국을 보다가 듣는 봄소식과도 같다.

　　풀뿌리들이 소곤거리기 시작했으니
　　곧 발자국에서
　　흙이 올라올 겁니다

　　무거웠던 자국에서
　　가장 먼저 흙이 올라올 겁니다

　　　　　　　　　　　　　　　　　　－ 장석남, 「한 소식」 부분

좀 심하다 싶게 자주 짓쳐 내려온 북극 한파의 여파로 봄기운을 좀체 느낄 수 없지만, 그럼에도 정원사는 풀뿌리들이 대지 속에서 소곤거리는 소리를 듣고, 기어이 늦잠꾸러기 봄을 깨워낸다.

내가 먼저 봄이 됩니다

모처럼 기온이 포근해진 틈을 타서 사날 정도 정원에서 놀았다. '비밀의 정원'에서는 청매나무와 홍매나무에 꽃봉오리들이 올망졸망 달리고, 수선화와 히아신스, 크로커스와 튤립, 영란수선과 무스카리가 앞 다투어 싹들을 밀어 올리고 있었다. 꽃의 정령들이 두런두런 나누는 생명의 노래를 마음속 귀로 들으며 낙엽도 걷어주고, 김도 매주고, 구석구석 거름도 뿌려주면서 완연한 봄이 어서 오기를 바라는데, 갑자기 「꽃을 보려고」라는 노랫말이 떠올라 한동안 흥얼거렸다.

꽃씨 속에 숨어있는 꽃을 보려고
고요히 눈이 녹기를 기다립니다.

꽃씨 속에 숨어있는 잎을 보려고
흙의 가슴이 따뜻해지기를 기다립니다.

꽃씨 속에 숨어있는 엄마를 만나려고
내가 먼저 들에 나가 봄이 됩니다.

- 정호승, 동시 「꽃을 보려고」

꽃씨 속에 숨어있는 꽃과 잎을 얼마나 보고 싶었으면, 어서 눈이 녹아 대지의 가슴팍이 따뜻해지기를 바라고, 그것도 부족해서 자기가 먼저 들에 나가 봄이 되려는 아이의 마음! 좀처럼 오려 하지 않는 봄을 밀어 내기보다는 늦잠을 자며 꾸물거리는 봄을 깨우고 끌어당겨 품어 안으려는 마음! 사람들이 세상을 겨울왕국으로 만들려고 할 때, 누군가가 평화를 가져다주기를 기다리기보다는 자기가 먼저 평화의 도구가 되려고 하는 마음! 전쟁노래를 부르는 사람들, "평화를 싫어하는 사람들"(시 120:6) 한복판에서 자기가 먼저 봄노래를 부르며 생명과 평화의 길을 걸으려고 하는 마음! 우리 시대에 정말 필요한 것은 이런 마음자세다.

그 마음을 품은 사람은 살천스러운 세상 한가운데서도 좀처럼 시르죽지 않고, 생명과 평화의 싹이 움트는 봄을 내다보며 봄노래를 부른다. 그러면서 봄노래를 멈추지 않겠노라 스스로 다짐하고 또 다짐한다. "그럼에도 우리는 노래해야만 하네. 그 어느 때보다 더, 노래해야만 하네." (비니시우스 G. 모라이스) '꾀꼬리 이야기'가 생각난다.

어느 날 하나님이 꾀꼬리에게 물으셨다. "꾀꼬리야, 네 노랫소리는 나를 참 기쁘게 해주는데, 어째서 요즘은 노래를 부르지 않는 것이냐?" 꾀꼬리가 불평 섞인 목소리로 대답했다. "개구리 울음소리가 하도 커서 내 목소리는 들리지도 않는 걸요." 하나님이 딱하다는 듯이 말씀하셨다. "하지만 네가 노래를 부르지 않으니, 개구리 울음소리가 더 크게 들리잖니?"

세상이 너무 추워서 봄노래를 부를 수 없다고 우리가 불퉁거릴 때, 하나님은 '그래도 봄노래를 부르라'고 우리를 호출하신다. 정원사는 그 호출에 지체 없이 응답한다. 겨울왕국에서도 먼저 봄의 전령이 되어 봄노래를 부른다.

유인(誘引)

그렇게 봄노래를 부르다가, 대동강 물이 풀린다는 우수(雨水)를 지나, 겨울잠을 자던 개구리가 깨어 꿈틀거리기 시작한다는 경칩(驚蟄)을 앞두게 되었다. 옛 사람들은 우수부터 경칩까지의 15일을 닷새씩 세분하여 그 특징을 나타냈다. 첫 닷새간(初候)은 수달이 먹이를 잡아다 늘어놓고, 그 다음 닷새간(中候)은 기러기가 북쪽으로 날아가며, 마지막 닷새간(末候)은 초목에 싹이 튼다고 한다. 꽃샘추위와 잎샘추위가 잠시 기승을 부리겠지만, 이제는 힘껏 봄을 끌어당기며 정원일과 밭일에 발싸심으로 나서도, 그것을 성급한 몸짓이라고 타박할 사람은 없으리라.

때마침 얼부푼 땅도 포슬포슬해져서, '비밀의 정원'에서 봄맞이 청소를 했다. 구근들을 식재한 자리에 수북이 쌓인 낙엽도 걷어내고, 산수국과 능소화 가지들, 단감나무와 자두나무 가지들도 전정하고, 뿌리를 드러낸 화초에 북도 듬뿍 주고, 정원의 다른 구역에 쌓인 낙엽도 말끔히 걷어내는 동안, 얼굴에 땀이 송골송골 맺혀서 기분이 개운하고 좋았다. 잠시 피크닉테이블에 걸터앉아 땀을 식히며 정원을 둘러보는데 단풍나무 밑에 자리 잡은 클레마티스 덩굴이 눈에 들어왔다. 자세히 살펴보니 수억 톤의 힘으로 밀고 나온다는 새 움들이 한껏 부풀어 올라 조만간 터질 기세였다. 아무리 번거롭고 시간이 많이 걸려도, 클레마티스 덩굴을 유인해줄 때가 된 것 같았다. 이맘때 유인해주지 않으면, 덩굴이 사방팔방 제멋대로 뻗어나가 다른 식물체의 햇볕 쬐기를 방해하거나, 심지어는 단풍나무 몸통을 타고 올라가 나무를 고사시키는 수도 있고, 그렇게 타고 올라간 덩굴은 결국 한겨울이 닥치면 추위를 견디지 못하고 고사해버리기 때문이다.

"주의나 흥미를 일으켜 꾀어냄"을 뜻하는 유인(誘引)은 원예기법 가운데 하나로서 특정 식물의 생장을 정원사의 설계와 의도대로 유도하는 것을 의미한다. 클레마티스는 클레마티스와 어울려 자라도록 유인하는 게 좋다. 그래서 묵은 덩굴 중 죽은 것과 흐슬부슬한 덩굴손들은 과감히 잘라내고, 새 움이 달린 덩굴들을 유인용 울타리를 따라 옆으로 돌려가며 얼기설기 보기 좋게 엮어 케이블 타이로 묶어 주었다. 그렇게 유인한 클레마티스 덩굴은 개화기에 어른 손바닥만 한 꽃들을 다닥다닥 피워 거대하고 화려한 다발을 짓는다. 그러고는 보는 이의 눈과 마음을 환히 밝혀 기쁨의 탄성을 지르게 한다.

나는 클레마티스 덩굴을 유인하면서 이제까지 나를 유인하신 하나님을 떠올렸다. 성서는 하나님을 꾀어내시는 하나님, 유인하시는 하나님으로 제시한다. "그러므로 이제 내가 그를 꾀어서, 빈들로 데리고 가겠다. 거기에서 내가 그를 다정한 말로 달래주겠다. 그런 다음에, 내가 거기에서 포도원을 그에게 되돌려주고, 아골 평원이 희망의 문이 되게 하면, 그는 … 거기에서 나를 기쁘게 대할 것이다."(호 2:14-15) 돌아보면 하나님은 나를 꾀어내신 분임에 틀림없다. 호세아 예언자를 시켜 이스라

클레마티스 유인

엘에게 하신 말씀대로, 나를 광야로 꾀어내어 다정한 말로 달래주시고, 갈릴리교회라는 주님의 밭을 맡겨주시고, 그 밭에서 아름다운 '비밀의 정원'을 일구게 해주셨으니 말이다. 하나님이 나를 장차 어느 방향으로 이끄실는지 알 수 없지만, 나는 두려워하며 거부하기보다는 오히려 설렘과 두근거림으로 그분의 유인에 따르련다. 시편 작가의 찬미대로, 나에게 "향하신 주님의 인자하심이 크고 주님의 진실하심이 크기" 때문이다.(시 117:2)

하나님의 유인에 따를 때, 내가 할 일은 무엇인가? 저 클레마티스 덩굴처럼 뻗대지 않고, 하나님의 손길에 고분고분 응하는 것 외에 달리 할 일이 없으리라. 이를테면 아집과 고집과 의도와 계획으로 가득 찬 마음을 빈 마음으로 만드는 것이다. 빈 마음이란 어떤 마음인가? 마이스터 에크하르트는 이렇게 말한다.

> 빈 마음이란 무엇인가? 빈 마음은 그 무엇에도 눈길을 주지 않고 매임이 없는 마음, 여하한 것도 최상의 것으로 삼지 않는 마음, 여하한 일에도 자신의 이익을 꾀하지 않는 마음이다. 빈 마음은 가장 좋은 하나님의 뜻에 푹 잠길 뿐, 자신의 것을 여읜 마음이다. 이 마음에서 힘과 능력을 받지 않으면, 아무리 하찮은 일이라도 이루어지지 않는다. 모름지기 사람은 몸의 모든 지체와 기능들, 곧 눈과 귀, 입, 심장과 모든 감각이 빈 마음을 향하게 해달라고 힘써 기도해야 한다. 그는 자기가 모시고 있는 분, 자기가 기도를 바치고 있는 그분과 하나가 되는 것을 느낄 때까지 기도를 멈추지 말아야 한다. 그분은 곧 하나님이시다.
>
> – 「Reden der Unterweisung」, 『Die deutsche Werke V』,
>
> W. Kohlhammer Verlag, S. 506

빈 마음은 하나님이 송두리째 뛰어드시는 텅 빈 충만(充滿), 우리 삶의 풍부한 역동을 가능케 하는 창조의 포란실(抱卵室), 우리 삶을 든든히 받쳐주는 바탕, 우리 삶의 성화가 비롯되는 곳, 우리 삶에 생기를 공급하는 젖줄, 우리 삶의 수레바퀴를 회전시키는 굴대통이다. 이 사순절에

나는 무심(無心)의 상태를 견지하며 하나님의 뜻에 푹 잠길 참이다. 요한이 보았던 사람들, 곧 새 노래를 부르던 사람들처럼, 모든 정원사의 수석 정원사이신 "어린 양이 가시는 곳이면, 어디든지 따라다닐" 참이다. (계 14:4) 그러면 주님은 당신의 계획과 의도대로 나를 바른 길로 인도하실 것이고, 나는 스스로 계획했던 것보다 훨씬 조화롭고 생명력 넘치는 삶의 길을 걷게 될 것이다.

2장

봄

땅에 묻힌 씨앗처럼

생명을 읽다

하나님의 대지에 성심을 다하는 행위

산처럼 생각하고, 산처럼 살기

꽃들의 처방을 받다

매혹의 아우라

땅에 묻힌 씨앗처럼

임을 맞이하려고

모든 것을 잔뜩 움츠리게 하는 북새바람에 어찌나 시달렸던지, 지난 겨울 끝 무렵부터 나는 지나새나 봄바람 노래만 불렀다.

> 남풍아, 움직여라.
> 나의 정원으로 불어와 향기를 퍼뜨려다오.
>
> 오, 나의 연인이 그이의 정원으로 드시게 하여라!
> 잘 익어 맛깔스러운 과일을 따 드시게 하여라.
>
> – 아가 4:16, 『메시지』

임이 맡겨주신 밭을 힘써 일구어, 정원사의 모습으로 부활하시는 임 (요 20:15)을 기쁘게 맞아들이고 싶었기 때문이다.

대지를 그느르고 북돋우어, 그 속에 묻힌 꽃씨들과 뿌리들을 깨우고,

움튼 싹들을 정성껏 보살펴 활짝 꽃피우고, 마음속으로 오매불망 흐놀던 임을 온갖 꽃 만발한 정원 한가운데로 청하여 모신다면, 정원사에게 이보다 더 바람직하고 즐거운 일은 없으리라. 정원 일구기는 임을 맞이하기까지 지속되는 길고 고된 기다림의 행위다. 정원사가 정원 일에 힘쓰며 땀 흘리는 이유는, 정원만큼 임을 맞이하기에 맞춤한 곳이 없고, 정원에서 임을 환대하는 것만큼 마음을 갈데없이 들뜨게 하는 일도 없기 때문이다. 카비르는 임을 맞이하는 일의 즐거움을 이렇게 표현한다. "이 세상에는 마음을 흡족하게 하는 것이 하나 있다. 그것은 손님으로 오시는 임을 마중하는 것이다."(『The Kabir Book』, Beacon, p1)

해마다 봄이 되면 으레 품는 바람이지만, 나는 이번 부활절에도 임과 더불어 '비밀의 정원'을 거닐며 무수한 봄꽃을 완상하고 싶다. 나직하면

튤립 순

서도 힘찬 음성으로 루미의 시를 읊조리며 임을 초청할 수 있도록 '비밀
의 정원'을 알록달록 다채롭게 가꾸고만 싶다.

> 봄의 과수원으로 오세요.
> 석류꽃이 피었고
> 봄볕과 포도주와 임의 애인이 있어요.
>
>
> 임이 안 오신다면
> 이것들이 무슨 소용이겠어요.
> 임이 오신다면
> 이것들이 또 무슨 소용이겠어요.

– 「Come to the orchard in spring」, 『The Essential Rumi』,

Castle Books, 1995, p37

임이 오시지 않는 바람에 애써 가꾼 모든 꽃이 아무 소용없는 것이 되
기보다는, 임이 오시는 바람에 힘써 가꾼 모든 것이 아무 소용없는 것
이 되면 좋겠다.

땅에 묻힌 씨앗처럼

임을 맞이하는 기쁨의 순간을 상상하며 무시로 불러대는 정원사의 봄
바람 노랫소리를 들었는지, 마침내 남풍이 불어와 얼부푼 땅에 따스운
숨을 불어넣으며, 동면에 들었던 것들을 깨우고 있다. 이따금 잎샘추위

와 꽃샘추위가 다가들어 정원사의 속을 태우기도 했지만, 봄바람이 그
것들을 밀어내고 대기를 다사롭게 데우고 있다. 귀 기울여 들으면, '비
밀의 정원' 구석구석에서 도란거리는 소리가 들리는 듯하다. 그러면 정
원사는 더 이상 서재에 앉아 있거나 책을 붙잡지 못하고 정원으로 발걸
음을 떼는 수밖에 없다.

정원은 삶과 죽음의 신비, 소멸과 생성의 신비를 가장 원초적으로 드
러내는 곳이다. 정원은 그 속에 자리한 생명 하나하나를 온 마음을 다해
응시하는 사람에게만 자신의 내밀한 비밀을 털어놓는다. 따라서 정원사
의 길은 생명의 신비를 찾아 나서고 발견하는 여정이라고 할 수 있다.

나는 봄바람이 대지에 작용하여 일으키는 생명의 신비를 하나도 놓
치지 않겠다는 일념으로 정원에 들어선다. 동백나무에 동백꽃이 피었
고, 청매나무와 홍매나무에는 하얀 꽃망울과 분홍꽃망울이 다닥다닥 맺
혀 잔뜩 부풀어 있다. 산수유나무의 노란 꽃망울들도 팽팽히 부풀어 조
만간 터질 듯하다. 지난해에 비해 열흘이나 늦었지만 복수초도 움을 틔
우고, 모란도 새순을 내밀고 있다. 알리움은 순이 제법 자랐고, 수선화
와 튤립, 크로커스와 히아신스는 싹튼 뒤 한동안 추위가 지속되어서 키
가 별로 자라지 못했지만 그래도 파릇파릇한 힘(viriditas)을 여봐란 듯이
뽐내고 있다.

이렇게 새싹을 밀어 올려 녹색 생명의 힘을 뽐내는 것들에게 눈길을
주다보면, 정원사의 시선을 오랫동안 붙잡고 늘어지는 식물이 한둘은
꼭 있다. 그럴 때면 나는 한동안 그 식물 앞에 쪼그려 앉아 한 말씀을 듣
거나 녹색 문장을 읽곤 한다. 마이스터 에크하르트가 말한 대로, "개개

튤립 순과 수선화 순

의 피조물은 저마다 하나님에 관해 기록된 한 권의 책이기" 때문이다. 꽃이든, 나무든, 피조물을 책 삼아 읽는 것은 영혼의 성장에 더없이 요긴한 행위이자 또 하나의 거룩한 독서행위(lectio divina)다. 알프레드 테니슨이 말한 대로, "우리가 한 송이 꽃을 이해하게 된다면, 우리가 누구이고 우주가 무엇인지 알게 되기" 때문이다.

　나는 알뿌리 식물인 수선화 앞에 쪼그려 앉는다. 수선화에 얽힌 나르키소스 이야기는 굳이 떠올리지 않는다. 그냥 수선화의 전언을 귀여겨

듣기만 한다. "나는 땅에 묻혀야만 살 수 있어요. 묻히던 때의 모습 그대로를 고집해선 안 돼요. 그때의 모습이 죽어야 해요. 그래야만 움을 틔울 수 있어요. 죽어서 사는 셈이지요." 수선화는 죽어야만 가능해지는 삶, 죽어야만 영위할 수 있는 생명의 신비를 이야기한다. 나는 '죽음 기억하기(memento mori)'를 일깨우는 수선화의 아득한 가르침을 감득하려고 눈을 감는다. 때마침 예수님의 말씀이 떠오른다. "밀알 하나가 땅에 떨어져 죽지 않으면 한 알 그대로 있고, 죽으면 열매를 많이 맺는다."(요 12:24) 이는 예수님이 "영광을 받을 때가 왔다."고 하시면서 당신의 죽음을 예고하시려고 스스로를 밀알 하나에 빗대어 하신 말씀이다. 전혀 새로운 생명으로 살아나는 영광을 받으려면, 죽음이라는 문턱을 반드시 넘어야 한다는 것이다.

이어서 예수님은 그 죽음이 무엇의 죽음이어야 하는지도 밝히신다. "자기의 목숨을 사랑하는 사람은 잃을 것이요, 이 세상에서 자기의 목숨을 미워하는 사람은, 영생에 이르도록 그 목숨을 보존할 것이다."(요 12:25) 자기중심성의 죽음! 그야말로 마르틴 루터가 말했던 '자기 안으로 굽는 마음(cor incurvatum in se)'의 죽음이다. 이 죽음의 다른 표현은 '자기 초월'일 것이다. 이 초월은 무엇으로 이루어지는가? 디트리히 본회퍼가 말한 대로, 자기 자신에게서 벗어나 "타자를 위해 존재하는 것(Sein für Andere)"으로 이루어진다.

무덤에 머물러

예수님은 '정원'에 자리한 무덤에 묻히셨다.(요 19:41-42. '동산'으로 번역된 그리스 단어 '케포스[κῆπος]의 현대적 번역어는 '정원'이다) 그분은 정원에 심어진 한 알의 씨앗이었다. 그 씨앗이 움터 올라 전혀 새로운 생명의 꽃이 되었다. 그렇다면 그 생명의 꽃을 피워낸 무덤은 새로운 생명의 모태가 아니었을까?

지금 시기가 사순절기여서인지, 막달라 마리아가 보았던 빈 무덤의 이미지가 더욱 의미심장하게 다가온다. 생명의 모태를 암시하는 빈 무덤이야말로 그리스도교의 중심 상징이 되어야 하지 않을까? 그동안 그리스도교는 십자가를 그리스도교의 가장 중요한 상징으로 꼽고, 14처의 십자가(via dolorosa)에 경의를 표하고, 십자가를 예술적으로 기리는 일에 열성을 보여 왔다. 하지만 얄궂게도 십자가는 종종 예수의 정신을 벗어난 수단으로 변질되곤 했다. 나와 남을 가르고, 남을 찌르는 수단으로

수선화 자란 것

변질되었던 것이다. 십자가를 옆으로 뉘여 보라. 영락없는 검(劍) 모양이다. 십자군 전쟁, 종교재판, 마녀화형식, 구미 강대국의 제3세계 침략은 모두 십자가가 검으로 돌변하여 벌어진 일들이다. 그리스도교를 로마제국 국교로 공인한 콘스탄티누스 황제는 전쟁을 벌일 때마다 입버릇처럼 이런 말을 했다고 한다. "우리는 십자가의 이름으로 정복할 것이다." 도스토예프스키의 『까라마조프 씨네 형제들』(열린책들)에서 대심문관은 주님께 이렇게 말한다. "시저의 칼을 얻은 사람은 우리들이며, 우리들은 그 칼을 치켜 든 후, 물론 당신을 거부하고 '악마'를 따랐소."(453쪽) 콘스탄티누스와 대심문관의 후예들이 지금도 이 세상에 두루 포진한 채 십자가를 검으로 사용하고 있으니, 여간 안타까운 게 아니다.

하지만 십자가는 검의 용도로 쓰라고 존재하는 상징이 아니다. 우리가 십자가를 그런 식으로 써먹는다면, 이는 예수의 정신에서 완전히 벗어난 것이다. 예수님은 자기를 부정하는 수단으로서 십자가를 받아들이셨지(마 26:39), 나와 남을 가르고, 남을 찌르는 수단으로 받아들이지 않으셨다. 십자가는 나와 남을 가르는 이분법적 태도, 암 덩어리처럼 자기만 위하는 태도를 째고 도려내는 용도로 사용해야 마땅하다. 이 점을 놓쳐버린 십자가는 예수와는 무관한 십자가다. 예수님은 이렇게 말씀하셨다. "칼을 쓰는 사람은 모두 칼로 망한다."(마 26:52) 너무나 쉽게 검으로 돌변하여 남을 찌르고, 나와 남을 가르는 십자가는 예수님이 구현하신 자비로운 삶의 방식에 어울리는 상징이 아니다.

예수님의 공생애에서 두드러진 가르침은 자비다. "너희의 아버지께서 자비로우신 것 같이, 너희도 자비로운 사람이 되어라."(눅 6:36) 자비는 다른 사람의 고통과 아픔을 창자 단계에서부터 느끼는 것을 의미한다. 예수님은 민중의 고통과 아픔을 보실 때마다 단장(斷腸)의 아픔을 느끼셨다.(마 9:36, 20:34, 막 1:40, 눅 1:13 이하) 그런 점에서 예수님은 철두철미 하나님을 생각나게 하는 사람의 길을 걸어가셨다고 할 수 있다. "하나님이 하시는 일이 무엇이든 그분께서 가장 먼저 분출하시는 것은 언제나 자비이고, 하나님이 줄곧 행하시는 최고의 일도 자비"이기 때문이다.(마이스터 에크하르트)

예수님이 구현하신 자비라는 생활방식은 나와 남이 따로 없음을 깨닫고, 자기를 여의는 데서 싹튼다. 자비는 조화롭고 균형 잡힌 생활방식으로의 초대다. 그런 까닭에 우리는 그런 인식을 담을 수 있는 새로운 상징을 찾아야 한다. 나는 막달라 마리아가 들여다보았던 빈 무덤이 그 상징이라고 확신한다.

차분히 눈을 감고, 막달라 마리아가 머물렀던 빈 무덤을 상상하며, 무덤 내부를 찬찬히 답사해본다. 그 무덤은 둥근 동굴 형태로서 개방형이었을 것이다. 막달라 마리아가 드나들었고, 베드로와 또 한 명의 제자가 들어가서 볼 수 있었으니까. '원만하다'는 말처럼, 무덤이 연상시키는 둥근 모양, 열린 원(圓)은 조화로운 삶의 방식을 상징한다. 무덤이 텅 비어 있었다는 사실도 마음에 새긴다. 빈 무덤은 비움과 버림의 덕을 요구하는 상징이라고 할 수 있다. 조화롭고 자비로운 생활방식으로 나아가려면 "나뿐인 삶"을 여의어야 하기 때문이다.

막달라 마리아가 보았던 빈 무덤으로 가는 여정은 조화와 평화와 자비로 가는 여정이다. 자비를 삶의 요체로 받아들이고, 삶의 구석구석에서 자비를 실행에 옮기는 삶으로, 나와 남을 가르고 남을 찌르는 이분법적인 삶에서 "타자를 위해 존재하는" 삶으로 나아가는 여정이다.

빈 무덤을 들여다보는 것은 섬뜩한 일인지도 모른다. 원만하고 개방적인 삶의 방식으로 나아가지 못하도록 두려움을 불러일으키는 어두운 이미지도 그 속에 똬리를 틀고 있기 때문이다. 그럼에도 우리는 막달라 마리아처럼 용기를 내어 빈 무덤을 답사해야 한다. 우리가 그리하기만 한다면, 우리는 자기중심성에 대하여 죽고 자기 초월을 이룬 사람으로서 하나님이 가장 많이 분출하시는 자비의 에너지에 흠뻑 젖어 나오게 될 것이다.

생명을 읽다

요즘 나는 종이책을 그다지 많이 읽지 못하고 있다. 때가 때인지라 다른 책을 읽는 재미에 푹 빠져 있기 때문이다. 그 책은 다름 아닌 정원이다. 늘 하는 생각이지만, 사람이 읽어야 할 책 가운데 성서 다음으로 정원만큼 바람직한 책은 없지 싶다. 정원은 하나님이 계시는 곳이고(비젠 구로얀), 천사들도 우거하는 곳이니 말이다.(매튜 폭스)

하루가 멀다고 밖으로 나가 정원과 그 속에서 힘차게 약동하는 생명들을 읽는데, 특히 여러 꽃봉오리들을 집중해서 읽는다. 가지에 오종종하게 매달린 청매 꽃망울들, 임계점에 다다른 듯 팽팽히 부푼 산수유 몽우리들, 하루가 다르게 쑥쑥 크며 굵어지는 수선화 꽃봉오리들, 바닥 가까이 자리해 있으면서도 누구보다 밝게 웃으려고 단단히 벼르는 크로커스 봉오리들, 더없이 찬란한 금빛으로 주위를 환히 밝히려고 용심하는 복수초(福壽草) 봉오리들, 생을 붉디붉게 불사를 날을 고대하며 한껏 부풀어가는 명자 꽃망울들. 터지기 직전의 것도 있고, 직전의 상태를 향해 힘차가 달려가는 것도 있다. 건드리면 톡 하고 터질 듯 팽팽히 부푼 꽃

봉오리들의 모습에서 직전의 상태를 포착하다보면 가슴이 마구 방망이
질을 해댄다. 대책 없이 가슴이 뛴다. 직전을 읽는 재미가 참 쏠쏠하다.
한 시인은 그런 직전을 포착하여 이렇게 노래한다.

> 직전의 힘을 믿겠다 나는, … 직전의 힘! 숨도 쉬지 않는 힘! … 열
> 지 마, 열지 마, 건드리면 터져! 끝끝까지 차 있는 힘, 직전의 힘을 믿
> 겠다 나는, 이 힘 모아서 나는 사랑 제일 잘할 사람, 남북통일 제일 잘
> 할 사람에게만 드리겠다 숨도 쉬지 않고!
>
> – 정진규, 「직전의 힘을 믿겠다 나는」 부분

참 절묘하다. 그는 만년필에 잉크를 채우면서도 직전을 포착한다.

명자나무 꽃망울

나의 만년필에

잉크를 가득 채운다

直前의 상태를 예비하고 있을 때가

…

가장 아름답고 기쁘고 당당하다

– 정진규, 「잉크를 가득 채운다」 부분

굵은 글씨를 쓰기 위해서든, 잔글씨를 쓰기 위해서든, 유채화를 그리기 위해서든, 수채화를 그리기 위해서든, 꽃봉오리들은 하나같이 다양한 붓 모양을 하고 있다. 붓 모양의 저 꽃봉오리들은 도대체 무슨 메시지를 전하려고 저리도 직전까지 힘을 온축하는 것일까? 온 힘을 다해 쓰는 일필휘지에 얼마나 깊은 뜻을 담으려고 저리도 숨 막힐 듯 팽팽한 긴장 상태를 유지하는 것일까?

물음에 답하려고, 그들이 쓰거나 그린 것을 본다. 꽃을 들여다보는 것이다. 직전의 상태를 넘어 문을 활짝 열어젖힌 복수초 꽃부리를 마주한다. 그 밝디밝은 모습에 나도 모르게 감탄이 터져 나오고, 알 수 없는 기쁨이 마음속에 차오른다. 그를 자세히 오래도록 읽는다. 그 요정이 전하려고 하는 벅찬 메시지를 감득하려고 마음의 귀도 활짝 연다. 환청인 듯 "야호!" 하는 요정의 환호성이 들린다. 그 무언의 소리를 듣는데 마음이 갈데없이 환해진다. 나는 번역하는 사람답게 그의 "야호!" 소리를 나름대로 번역해서 읽는다. "내 속에서 꽃망울을 밀어 올리는 그 힘이 당신 속에도 자리하고 있어요. 그 힘을 향해 '예'라고 말하세요. 그 힘을 줄기차게 지지하고 긍정하세요. 요컨대 생명에 대해 '예'라고 말하는 거예요. '생명 자체는 고귀하고, 기쁨으로 가득 차 있고, 강력하니까요.'(마이스터 에크하르트)" 내가 번역한 것이 제대로 된 메아리냐고 마음속으로 묻는데, 때마침 불어온 꽃바람에 복수초 요정이 끄덕끄덕 고개를 주억거렸다.

하나님의 대지에 성심을 다하는 행위

마침내 대지를 아름답게 치장하는 천상의 재단사 봄이 동장군과 칼바람을 북녘으로 밀어내고 남녘에 당도하셨다. 대지의 겉흙에 호호 훈김을 불어넣어 폭신폭신하게 하고, 복수초, 매화, 노루귀, 크로커스, 히아신스, 수선화, 미선나무꽃의 꽃봉오리들에도 온화한 입김을 불어, 이들 스스로 잠금장치를 해제하고 환하고 고요한, 그러면서도 깊디깊은 속을 열어 보이게 하고 있다. 이들 중 향기를 내뿜는 매화, 히아신스, 미선나무꽃에 코를 벌름거리며 바싹 갖다 대고 킁킁거렸다. 이들이 내뿜는 향기가 어찌나 깊고 오묘한지 아찔하니 현기증이 돌았다. 활짝 열린 속살사이로 피어오른 향기를 폐부 깊숙이 흡입하면, 왜일까, 샤론의 꽃이신 (아 2:1) 주님이 떠오르는 것은? 말없이 마음 모으고 오도카니 선 채 가뭇없는 임 그리다 문득 깨어나 겨우겨우 중심을 잡았다.

겨울 끄트머리부터 달포 가량 '비밀의 정원'에서 화초와 정원수 옮겨심기, 유실수 가지치기, 낙엽 걷어주기, 정원 구석구석에 거름주기, 텃밭일구기, 일군 텃밭에 명이나물과 곰취 모종, 삼나물과 어수리 모종 심기, 부추와 삼채 이식 등 봄맞이를 위해 분주히 움직이고 나서 하는 봄꽃마중이어서인지, 몸의 구석구석 결리지 않는 곳이 없고, 이른 봄볕에 얼굴마저 거무스름하게 그을리긴 했어도 ―"내가 검다고, 내가 햇볕에 그을렸다고 나를 깔보지 마라. … 포도원을 돌보느라 이렇게 된 것이다."(아 1:6) ―봄꽃들을 마주하는 정원사의 내면에선 기쁨이 아지랑이처럼 아른아른 피어오른다. 그 기쁨을 맛보아 안 이들은 이런 말을 하게 마련이다. "우리가 성서를 믿는다면, 우리는 전능하신 하나님께서 정원을 일구는 사람의 삶을 가장 행복한 삶으로 여기셨다고 말해야 할 것이다. 그렇지 않다면, 그분은 아담을 에덴 한가운데 두지 않으셨을 것이다."(윌리엄 템플 경)

수선화

봄꽃들이 마음속에 담뿍 안겨준 기쁨을 맛보면서 정원 일(gardening)을 생각한다. 태초의 아담과 이브는 에덴 정원 한가운데 놓였고, 그곳에서 하나님과 함께 거닐기만 할 뿐, 정원을 일굴 필요는 없었다. 에덴 정원을 일구신 이는 다름 아닌 하나님이었다.(창 2:8) 사람이 정원 일에 착수하게 된 것은 아담과 이브가 죄를 지어 추방되면서부터였다. 정원 일은, 우리 인류가 죄로 말미암은 창조 세계의 손상을 바로잡을 책무와 역할을 근본적으로 받아들였음을 상징한다. 이 정원 일은 하나님의 대지에 성심을 다하는 행위 가운데 알짬이자 기본이 되는 행위다. 디트리히 본회퍼는 우리가 하나님의 대지에 성심을 다해야 하는 이유를 다음과 같이 밝힌다.

하나님을 사랑하는 사람은 하나님을 대지의 주인으로 여겨 사랑하

만개한 복수초

매화

고, 대지를 사랑하는 사람은 대지를 하나님의 대지로 여겨 사랑한다.
하나님 나라를 사랑하는 사람은 그 나라를 하나님 나라로 여겨 사랑
하되, 전적으로 대지 위의 하나님 나라로 여겨 사랑한다. 그 나라의
임금님은 대지의 창조자이자 보존자이시고, 대지에 복을 내리신 분,
대지의 성분으로 우리를 만드신 분이시기 때문이다.

－『Dein Reich komme』, Furche Verlag, S. 8

  대지는 만물의 어머니다.(집회서 40:1) 우리는 내남없이 흙에서 왔고, 흙
자체이며, 흙으로 돌아간다.(창 3:19) 우리는 이토록 소중한 대지를 철두
철미 긍정하지 않으면 안 된다. 예수께서는 "아버지의 나라가 오게 하시
며, 아버지의 뜻이 하늘에서와 같이 땅에서도 이루어지게 하소서."라고

기도하라고 당부하셨다.(마 6:10) 나는 이 당부를 '대지에 성심을 다하고, 대지의 신실한 자녀가 되라.'는 권면으로 받아들인다. 천사들이 하늘에 속한 존재라면, 우리 인간은 대지에서 태어났고, 현재에도 장래에도 이 대지에 속한 존재이기 때문이다.

　겨울의 모진 추위와 삭풍을 참고 견딘 대가로 찬란한 빛깔과 향기를 받은 저 요정들을 포복 자세로 접사(接寫)하면서 확신 서린 물음을 던진다. 살풍경한 얼음왕국 같은 이 세상에서 대지에 성심을 다하며 하나님 나라를 대지 한가운데 모셔 들이기 위해 인내하는 사람의 마음도 화창한 부활의 봄날에 명랑이라는 빛깔과 향기를 받게 되지 않을까?

산처럼 생각하고, 산처럼 살기

몸이 둘이어도 부족할 봄날

"밀알 하나가 땅에 떨어져 죽지 않으면 한 알 그대로 있고, 죽으면 열매를 많이 맺는다."(요 12:24)고 말씀하신 대로, 주님이 몸소 죽으시고 묻히셨다가 따스한 봄 길을 열고 부활하시자, '비밀의 정원'에 심겨진 푸나무들이 저마다 제 빛깔과 모양으로 부활의 신비, 살고 죽고 다시 사는 일의 신비를 알리고 있다. 일찍 개화한 산수유 꽃과 매화, 수선화와 히아신스가 서서히 퇴색하고, 이제는 각종 튤립이 갖가지 빛깔로 정원 구석구석을 다채롭게 단장하고 있다. 명자나무와 팥꽃나무, 수사해당과 복숭아나무, 앵두나무와 동백나무도 꽃을 활짝 피웠다. 게다가 남빛 무스카리, 새하얀 마가렛, 주황빛 금잔화, 다양한 색깔의 팬지, 엷은 자줏빛 지면패랭이, 섬백리향, 순백의 서양말냉이, 이끼용담, 샛노란 피나물 등 키 작은 꽃들도 저마다 한 구역씩 차지하고서 주위를 제 빛깔로 물들이고 있다.

이렇게 환한 모습으로 피어난 꽃들을 완상하며 묵상에 잠기기에도 시

목마가렛

간이 부족한 요즘이다. 꽃들을 들여다보며 내면을 풍요롭게 가꾸고 삶을 좀 더 아름답게 영위한다면 이보다 더 바람직한 일은 없으리라. 하지만 봄철의 정원사는 그런 여유를 그다지 많이 허락받지 못한다. 늦봄과 여름에 개화할 꽃들을 준비하는 지난한 일들이 정원사의 손길을 기다리고 있고, 자칫 때를 놓쳐 그 일들을 게을리 하면 여름 꽃들을 제대로 볼 수 없기 때문이다. 겨우내 창고와 거실에 들여 관리하던 화분들 내놓기, 덩굴장미들 유인하기, 분갈이용 흙 만들기, 백합과 칸나와 달리아 분갈이 해주기, 걸이용 화분에 베고니아 구근 심기, 지난 늦가을에 갈무리해둔 칼라 구근들을 화분에 심기, 노지의 빈 곳에 백합과 글라디올러스 같은 구근들을 보충하여 심기, 추위로 고사한 식물들을 입수하여 심기, 번식한 식물들의 포기를 나누어 옮겨심기, 텃밭 일구기 등의 일을 하느라 몇 주가 흘러갔다. 이렇게 몸이 둘이어도 부족할 봄날을 보내다보니 정작 찬찬히 꽃을 들여다보며 내면을 살필 겨를이 없다. 있어도 간간이 꽃을 보거나, 밤중에 손전등을 밝혀서 보거나, 한 번에 몰아서 보거나 할 뿐이다. 하지만 정원사는 그 정도로도 족함을 느낀다. 정원을 자주 찾아 가셨고(요 18:1), 정원에서 체포되셨고(요 18:2), 정원에 있는 무덤에 안치 되셨으며(요 19:41-42), 정원사의 모습으로 부활하신(요 20:15) 주님을 닮는 길에 자신이 오롯이 서 있음을 아는 까닭이다.

몸은 바빠도 정원사의 마음을 흡족하게 하는 것이 또 있다. 다름 아닌 방문객을 맞이하는 것이다. 국립수목원에서 2016년에 펴낸 『가보고 싶 은 정원 100』에 선정될 만큼 갈릴리교회 '비밀의 정원'이 아름답다는 소 문이 퍼져 해가 갈수록 방문객이 늘고 있다. 교회가 문턱을 낮추기는커 녕 도리어 성장제일주의와 승리주의, 교회사유화와 세습, 비민주적 의 사결정의 행태로 사회적 지탄을 받고 있는 요즘, 빈부·종교·교단· 이념을 불문하고 방문객이 꾸준히 늘고 있다는 것은 감사하게도 갈릴

튤립

리교회의 문턱이 현저히 낮아졌음을 반증하는 게 아닐까. 방문객들의 반응은 거개가 놀람과 감탄 일색이다. "와아! 야아! 어머나! 어머머! 아름답다!" 목사의 설교로 그런 놀람과 감탄을 자아내기는 얼마나 어려운 일이던가. 저마다 마음에 드는 꽃들을 카메라에 담거나, 꽃들을 배경으로 자신들의 모습을 담거나, 향기로운 꽃숭어리에 코를 갖다 대고 킁킁거리는 방문객들의 얼굴이 더없이 환하다. 정성껏 가꾸어 개방한 정원 하나만으로도 교회는 사람들에게 경이로움과 기쁨을 너끈히 안겨줄 수 있다. 교회가 정원을 잘 가꾸어 개방하면, 꽃들은 벌과 나비뿐만 아니라 사람도 불러 모은다. 탐방을 마치고 돌아갈 때면, 방문객들의 찬사가 이어진다. "정원사님, 멋져요. 정원사님, 고마워요. 덕분에 어둡던 마음을 치유하고 가요. 떠나고 싶지 않아요. 또 와도 되죠?" 그들의 찬사

복숭아꽃

를 들을 때면, 끝없는 정원 일로 지쳐가던 정원사의 몸과 마음에 다시금 힘이 솟는다.

산처럼 생각하고, 산처럼 살기

'비밀의 정원'이 알록달록한 유채화라면, 이즈음의 앞산은 수수한 담채화다. 노랑연두, 연두, 풀색, 녹색, 초록, 청록 등 파릇한 빛깔들이 채도를 달리하며 겹쳐 보이고, 그 사이사이에 산벚꽃도 피어 있다. 정원 일에 힘쓰다 앞산에 눈길을 주다보면, 묘하게도 그 담박함에 끌린다. 창조주께서 태초부터 지금까지 봄마다 그려 오신 담채화인 까닭이다.

그래서 해마다 이맘때가 되면, 나는 '비밀의 정원'에서 마주보이는 산을 오르곤 한다. 계동, 두문포, 죽포, 둔전을 거느린 본산의 버금 산마루까지 오른다. 등산하는 내내 키 작은 것들이 눈에 띈다. 각시붓꽃, 비비추, 취나물, 고사리, 우산나물, 까치수염, 섬족도리풀, 백선, 홀아비꽃대, 미역취, 산달래, 더덕 등이 소나무, 떡갈나무, 오리나무, 산벚나무, 팽나무, 느릅나무, 가죽나무 등 키 큰 나무들 사이사이로 새순을 밀어 올리거나 꽃을 피우고 있다. 그 모습이 참 보기 좋다. 크고 우람한 것들만 받아들이지 않고, 작고 여린 것들도 함께 품어 나름의 꽃을 피우게 하는 산! 마치 이스라엘의 높은 산(겔 34:14)에 비견되는 주님 같다. 스스로를 주린 사람들, 목마른 사람들, 나그네들, 헐벗은 사람들, 병든 사람들, 옥에 갇힌 사람들과 동일시하시며(마 25:35-36) 그들 모두를 품어 안으셨으니, 주님이야말로 우리 모두가 오르고 안길 진정한 영혼의 산이 아닐까? 우리 신앙인들이 주님을 본받아 산처럼 생각하고, 산처럼 산다면 얼마

섬백리향

나 좋을까? 우리 사회가 편 가르기와 상대에 대한 적대행위를 멈추고, 산처럼 모든 사회구성원을 품는다면 얼마나 좋을까? 그저 시인이 노래한 대로만 되면 좋겠다.

> 개나리꽃 참나리꽃 조팝나무 산철쭉
> 잘나고 못난 꽃들이 아니라
> 얼굴빛과 향기가 서로 다른 꽃들이 모여
> 동산을 환하게 가꿉니다
>
> 소나무 전나무 오리나무 가문비나무

저만 홀로 우뚝 솟은 나무가 아니라

특별히 잘난 데 없는 그만그만한 나무가 모여

숲을 이루고 산을 만듭니다

앞산이 뒷산의 편안한 배경이 되어주고

그 뒷산이 또 다가와 은은한 그림이 되어주는

아름다운 풍경은 앞산 뒷산이 함께 만듭니다

– 도종환, 「덕암리」 부분

몸피도 다르고, "얼굴빛과 향기"도 다르고, "특별히 잘난 데 없는 그만

수사해당

그만한" 푸나무들이 모여 숲을 이루고 산을 이룬다. 참된 의미의 교회, 모든 것이 조화를 이룬 세상을 보는 것 같다. 서로 "편안한 배경이 되어" 주며 아름다운 풍경을 이루는 생명들 속에서 시인은 생명의 그물을 본다. 만물을 서로 이어주는 그물이다.

주인 내지 감독자 행세를 하며 이 그물을 무자비하게 파괴하고 있지만, 사실 인간은 이 그물의 여러 이음줄 가운데 하나에 지나지 않는다. 프란츠 알트는 그의 책 『생태주의자 예수』에서 이렇게 말한다. "생명의 그물을 짠 것은 우리 인간이 아니다. 우리는 전체 그물을 구성하고 있는 이음줄 하나에 불과하다." 하나님의 발 받침대(사 66:1)이자 하나님의 몸인 이 세상(the world as the body of God, 샐리 맥페이그)의 구석구석을 멍들게 하는 인간의 행태를, 시인 루미는 신랄한 어조로 비판한다. "우리는 천한 머슴일 뿐 감독자가 아니다."(안네마리 쉼멜, 『루미평전: 나는 바람, 그대는 불』, 늘봄, 106쪽) 하나님은 모든 것이 당신의 뜻에 따라 조화롭게 이루어진 세상을 보시면서 최상급 감탄사를 연발하셨다. "좋구나, 참 좋다!" 하나님의 감탄사가 아로새겨진 "생명의 그물"이 인간의 한없는 탐욕 때문에 찢어지고 있다. 갈가리 찢기고 있는 "생명의 그물"을 한 코 한 코 수선하여, 단절되고 분절되었던 생명들을 조화롭게 잇는 것이야말로 초록별 지구의 진정한 감독자 하나님을 닮는 길이 아닐까.

영혼의 산 오르기

앞산에 올라, 이사야 예언자가 말한 주님의 산(사 2:2-5)을 떠올리며, 그 산에 오르는 것이 무슨 뜻인지를 헤아려 본다. 주님의 산은 어떤 산인

이끼용담

가? 이성선 시인의 시구가 생각난다.

흰 눈은 높은 산에 와서 혼자
오래 머물다 돌아간다

새와 구름이 언제나 그곳으로
향하는 이유를 이제 알 것 같다

– 「山詩 12」 전문

산은 아득한 높이로 자기를 알리고, 깃털처럼 가벼운 것과 맑은 것들
을 제 품에 불러들인다. 그리고 그렇게 가벼운 것과 맑은 것이 오래 머

무는 곳은 하나님과 가깝다. 하늘과 맞닿은 히말라야 설산처럼, 우리에게도 고도가 높아질수록 모든 피조물이 떨어져나가고 주님만이 가까이 다가와 가르침을 베푸시는 산이 있다. 재리(財利)와 명리(名利), 난폭한 권좌와 권력이 일절 빌붙지 못하게 우뚝 솟은 산. 그 산이 우리 앞에 있다. 주님은 언제나 우리 앞에 버티고 선 영혼의 산이다. 산은 저기 바깥에만 있는 게 아니다. 우리가 마음속에 들여앉히면, 영혼의 산은 곧바로 우리 안에 자리를 잡는다. 우리는 그 산을 내면에 들여앉히고 날마다 오르려고 힘써야 한다.

그러면 어째서 주님의 산으로 올라가야 하는가? 주님의 산이야말로 악시스 문디(axis mundi), 곧 세계의 축이기 때문이다.(조지프 캠벨, 『신화의 힘』, 고려원, 181쪽) 바퀴가 제아무리 그럴싸하고 화려해 보여도 바퀴축이 없으

지면패랭이

면 바퀴가 돌아가지 않듯이, 세계의 축이 없으면 세상의 그 어떤 것도 제대로 돌아가지 못한다. 주님의 산에 올라야 하는 또 다른 이유는 주님의 가르침과 주님의 말씀이 거기서 나오고, 주님의 길이 거기서 제시되기 때문이다. 주님의 산에 오르는 이들이 구할 것은 언제나 주님의 말씀과 주님의 가르침 그리고 주님의 길이다. 주님의 산에 오르는 이들은 언제나 주님의 가르침으로 살고, 언제나 주님의 말씀을 먹고살며, 언제나 주님의 길을 걸으며 살아간다. 그래서일까? 유진 피터슨은 그런 사람들을 이렇게 표현한다. "예수께 배우고, 그분께 인생을 건 사람들."(마 5:1, 『메시지』)

주님은 그렇게 주님의 산에 오른 이들에게, 그들이 사무치게 갈망하는 가르침을 베푸시며, 주님의 길을 제시하신다. 그들은 그 길을 따르기로 작정하고 동료들과 연대하여 말한다. "주님께서 우리에게 주님의 길을 가르치실 것이니, 주님께서 가르치시는 길을 따르자."(사 2:3) 마태복음 5-7장에 등장하는 산상수훈이 떠오른다. 주님이 산 위에서 당신을 따르는 이들에게 주신 금쪽같은 가르침, 주님을 따르는 이들이 마음 판에 새기고 반드시 삶으로 번역해내야만 하는 필수적 지침이다. 따름은 언제나 삶으로 번역하는 과정, 곧 머리로 아는 단계를 지나 손과 발의 실천 단계로 나아가는 과정을 요구한다.

예언자는 주님이 가르치시면서 하시는 일의 구체적인 내용도 밝힌다. 민족들 사이의 분쟁 판결하기, 뭇 백성 사이의 갈등 해결하기, 칼을 쳐서 보습을 만들고 창을 쳐서 낫을 만들게 하기, 나라와 나라가 칼을 들고 서로를 치지 않게 하기, 다시는 군사훈련을 하지 않게 하기.(사 2:4) 주

팥꽃나무꽃

님이 하시는 일들은 해치고, 상처 입히고, 죽이고, 전쟁을 일으키고, 평화를 깨뜨리는 것과 같은 부정적인 이미지들이 아니라, 생명 긍정, 살림, 어울림, 축제, 평화와 같은 대단히 긍정적이고 가슴 벅찬 이미지들을 떠올리게 한다.

주님의 산에 올라 주님의 길을 따른다는 것은 이처럼 주님이 품으신 참으로 바람직한 비전을 우리의 것으로 삼는 것과 다르지 않다. 우리는 죽임과 배제, 갈등과 분쟁과 전쟁이 난무하는 세상 한가운데서 살림과 포용, 평화와 축제 같은 주님의 비전에 주체적으로 동참하라고 부름 받았다. '비밀의 정원'과 저 앞산은 내게 말한다. 모든 것을 품어 아름다운 풍경을 이루는 산처럼 생각하고, 산처럼 살라고. 그것만이 주님의 비전에 적극적으로 참여하는 길이라고.

꽃들의 처방을 받다

　오월의 정원을 거니노라면 여기저기서 실없이 웃음을 흘리는 친구들을 만난다. 배시시 헤프게 웃음 짓는 철쭉꽃들, 더없이 화사하게 웃음 짓는 모란, 무리지어 웃음바다를 이룬 마가렛, 임계온도에 달해 튀밥이 벌어지듯 터져 나와 아기처럼 까르르 까르르 웃어대며 환청을 일으키는 애기말발도리와 공조팝, 노란 웃음다발을 이룬 목향장미와 황매, 부끄러운 듯 연한 홍조를 띠어 보는 이마저 벌겋게 달아오르게 하는 위실 등. 아무리 살펴보아도 슬픈 빛이라곤 없다. 하여 슬픈 꽃은 없다!

　꽃은 웃음이다, 미소다. 웃음꽃이라는 말도 있지 않은가. 그러니 나는 오늘 꽃밭이 아니라 웃음 밭을 거닐고 있는 것이다. 미소나 웃음을 빛이라는 말로 옮겨도 좋다. 모든 꽃, 모든 미소는 다 환한 까닭이다. 그러면 이런 등식이 성립된다. 꽃=미소=빛! 환한 꽃들의 정원을 거닐다보면 하나님이 태초에 가장 먼저 창조하신 것이 꽃인 듯도 싶고, 미소인 듯도 싶고, 웃음인 듯도 싶다. 창세기 1장 3절을 다음과 같은 식으로 읽으면 어떨까?

하나님께서 '꽃이 생겨라!' 하시니 꽃이 생겨났다. 그 꽃이 하나님 보시기에 좋았다. 하나님께서 '웃음이 생겨라!' 하시니 웃음이 생겨났다. 그 웃음이 하나님 보시기에 좋았다.

그럴싸하지 않은가! 원초적인 비밀을 깨친 나의 해석에 그분도 무릎을 치실 것이다.

식물은 꽃으로 웃는다. 꽃으로 벌과 나비를 부르고 사람까지 부른다. 입 맞추고 포옹하기 위해 하나님마저도 연인으로 가장하고서 꽃에게 다가가시지 않던가! 식물의 웃음은 그토록 힘이 세다. 사람의 꽃은 무엇인가? 웃음밖에 없다. 누가 미소 짓는가? 누가 웃을 수 있는가? "웃음은 실로 심오한 버림의 표현이다."(매튜 폭스) 집착과 욕심을 잠시라도 내려놓은 사람만이 웃을 수 있고, 그래서 웃음은 사람을 빛나게 하고, 영혼을 환하게 한다. 사람은 미소로 사람을 부르고, 은총을 부르고, 하나님을 부른다.

웃음이야말로 의사소통의 원초적인 형식이라고, 그 형식을 놓치지 말라고, 저 꽃들이 내게 당부한다. 미소야말로 그대가 피울 수 있는 가장 아름다운 꽃이라고, 그 꽃에서만 제대로 된 열매가 맺힌다고, 저 꽃들이 내게 말한다. 기쁨이라는 우주의 교향악에 한몫하려면 이유 없이 웃으라고, 저 꽃들이 내게 말한다. 나날살이에 기쁨을 불러들이고 싶으면 맘껏 웃으라고, 저 꽃들이 내게 말한다. 웃을 일은 웃는 이에게만 다가온다고, 그러니 먼저 웃으라고, 저 꽃들이 내게 말한다. 내가 그대에게 줄 수 있는 처방은 웃음밖에 없다고, 저 꽃들이 내게 말한다.

모란

헨리 러더퍼드 엘리엇도 웃음을 처방한다.

경쟁에서 패했나요

웃어넘겨요

속임수에 넘어가 권리를 빼앗겼나요

웃어넘겨요

사소한 일을 비극으로 확대하지 마세요

엽총으로 나비를 잡지 마세요

웃어넘겨요

목향장미

일이 꼬이나요

웃어넘겨요

벼랑 끝에 몰렸나요

웃어넘겨요

건강한 삶을 구하나요

처방전은 웃음만 한 게 없어요

웃어넘겨요

– 「건강한 삶을 위한 처방전(A Recipe for Sanity」 전문

큰 웃음은 많은 상처를 치료한다.(매들린 렝글) 웃음이란 무엇일까? 기

뻠과 즐거움을 느낄 때 저도 모르게 꽃처럼 활짝 피어나는 것. 언젠가 벗이 선물한 그림을 보고 감격해하던 때가 생각난다. 껄껄껄 웃으시는 예수님의 얼굴을 그린 작품인데, 이 작품을 보기 전만 해도 나는 가시관을 쓰신 예수님의 모습, 십자가에 달리신 예수님의 모습만 수없이 보아 왔던 터라, 활짝 웃으시는 예수님의 모습은 왜 없는 것일까, 종교의 궁극적인 목표는 웃음과 기쁨이 아니던가, 하는 의문을 늘 품고 있었기 때문이다. 하나님 나라의 도래, 삶의 근원적 기쁨, 잔치 같은 삶의 회복을 설파하신 예수님의 진면목을 되살려 놓은 것만 같아서 그 작품이 참 좋았다. 하루에도 몇 차례 그 작품을 바라보고 미소를 지으며 "예수님, 저도 그렇게 웃게 하소서. 삶의 근원적 기쁨을 놓치지 않게 하소서. 웃지 못 할 상황에서도 웃을 줄 아는 감각을 기르게 하소서." 하고 마음속으로 기도하곤 한다.

기쁨은 지상에서든 천상에서든 모든 거룩한 삶의 알짬이다. 기쁨은 하나님과 가장 잘 통하는 삶의 표현이다. 하나님이 우리를 부르신 것은 삶의 근원적인 흥에 겨워 웃게 하기 위해서다. 하나님을 믿는다면서 기뻐하지 않고 웃음을 멀리하는 사람은 딱하기 그지없는 사람이다. W. H. 오든이 말한 대로, 웃음을 멀리하고, "기쁨을 미워하는 사람은 불의한 사람"이기 때문이다.

웃음을 주시는 하나님

성서는 우리에게 웃음을 주시는 하나님을 소개한다.(창 21:1-7) 하나님은 아이를 낳을 나이가 훨씬 지나서 웃을 일이 거의 없던 사라에게 웃음을 주신다. 하나님의 말씀대로 일백 살의 아브라함과 아흔 살의 사라 사이에서 아이가 태어난다. 아브라함은 그 아이에게 이삭이라는 이름을 지어준다. 이삭은 웃음(그가 웃다)을 의미한다. 웃음을 품에 안고 활짝 웃는 사라의 모습을 상상해 보라. "하나님이 나에게 웃음을 주셨구나. 나와 같은 늙은이가 아들을 낳았다고 하면, 듣는 사람마다 나처럼 웃지 않을 수 없겠지."(6절) 나는 사라의 웃음에서 인간의 상상력을 넘어서는 하나님의 상상력을 본다. 그것은 출산의 한계에 대한 세인들의 엄정한 지식을 완전히 뒤엎는 창조적 상상력이다. 하나님의 이 창조적 상상력 덕분에 사라는 웃음과 창조성을 상징하는 인물이 될 수 있었다.

이삭을 낳은 사라 이야기에서 우리는 지극한 기쁨을 맛보며 큰 웃음을 짓는 삶으로 나아가려면 어찌해야 하는지를 간취할 수 있다. 먼저,

애기말발도리

하나님은 웃음을 주시는 분이심을 확신하는 것이다. 달리 말하면 하나님이 생명의 원천이심을, 창조적인 삶의 원천이심을 믿는 것이다. 요한 사도는 이렇게 말한다. "모든 것이 그로 말미암아 생겨났으니, 그가 없이 생겨난 것은 하나도 없다. 그의 안에서 생겨난 것은 생명이었으니, 그 생명은 모든 사람의 빛이었다."(요 1:3-4) 마이스터 에크하르트도 비슷하게 말한다. "한 송이의 꽃도 하나님 안에서 존재를 얻는다." 꽃을 찬찬히 살펴보라. 그러면 하나님 안에서 존재를 얻은 식물의 환희에 겨운 표현이 꽃이라는 것을 알게 될 것이다. 나는 '비밀의 정원'을 거닐 때마다 그것을 생생히 확인한다. 슬픈 꽃은 없다. 꽃에는 환한 웃음만 있다. 하나님 안에서 존재를 얻었기 때문이다. 사람도 마찬가지다. 하나님이 창조적 삶의 원천이심을 믿고, 하나님 안에 머무르면서 하나님과 친교를 다지는 사람은 절망적인 상황에서도 환한 웃음꽃을 피우게 마련이다.

그 다음에는 하나님이 품부해주신 창조성을 유실하지 않고 고이 갈무리하는 것이다. 사실 우리 사회는 창조성을 마음껏 펼치지 못하도록 억압하는 사회라고 할 수 있다. 문화예술계 인사들의 블랙리스트가 엄존하던 사회이니까. 그런 사회에서는 이런 말들이 난무한다. "너는 안 돼. 너는 할 수 없어. 너는 뛰어봐야 별 수 없어." 나는 그런 말들을 유캔티즘(Youcan'tism)이라는 단어로 명명하고 싶다. 우리말로 읽으면 "너는할수없다주의"가 될 것이다. Youcan'tism이라는 가학증이 사람들을 옴짝달싹 못하게 하고 있다. 밖에서 들려오는 그런 말들을 아무 여과 없이 내면화하면, "나는 할 수 없어. 나는 안 돼. 나는 어쩔 수 없어" 하며 깊은 절망에 빠질 수밖에 없다. 심리학자 카렌 호르나이는 그것을 아이캔티즘(Ican'tism)으로 명명한다. Ican'tism은 일종의 피학증이라고 할 수 있다. 밖에서 가해지는 학대를 아무 저항 없이 받아들이고, 외부에서 들어온 학대를 정당화하는 것이기 때문이다. 그런 식의 삶으로는 자기 영혼을 푸릇하게 할 수 없고, 기쁨의 열매를 조금도 맺을 수 없다. "너는 할 수 없어"라는 가학증과 "나는 할 수 없어"라는 피학증이야말로 창조적인 삶을 가로막는 장애물이자 악마의 거짓말이다. 우리는 그 거짓말에 절대로 동의해선 안 된다.

사라는 늙은 몸임에도 밖에서 들이대는 제한과 안에서 불쑥불쑥 치솟는 제한을 정면으로 타개하며, 하나님이 주신 창조성을 열 달 동안 소중히 갈무리했다. 그러고는 마침내 창조의 기쁨을 맛보며 활짝 웃는 사람의 전범이 되었다. 13세기에 활동한 독일의 창조 영성가 메히틸트 폰 마그데부르크의 일화가 생각난다. 그녀가 책을 쓰겠다는 결심을 주위 사람들에게 밝히자, 주위 사람들이 이렇게 비난한다. "당신은 성직자도 아니고 정규 신학교육을 받지도 못했는데 무슨 책을 쓰겠다는 거냐? 당신이 책을 쓰는 것은 주제넘은 짓이야." 그녀는 당시의 소회를 이렇게 토로한다. "나는 이 책을 써서는 안 된다는 경고를 받았다. 사람들은 이렇게 말했다. '아무도 거들떠보지 않으면, 그 책은 불쏘시개가 될 수밖에 없을 거야.' 그래서 나는 아이처럼 시무룩해졌다. 서글픔이 밀려들 때마다 나는 기도할 수밖에 할 수 없었다. … 하나님이 쓸쓸한 내 영혼에게 모습을 보이셨고, 이 책을 오른손에 드시고서 이렇게 말씀하셨다. '나의 귀염둥이야, 너무 괴로워하지 마라. 아무도 진리를 불사를 수 없단다.'" 이 말씀을 들은 메히틸트는 다음과 같이 말한다. "하나님은 나에게 나의 길을 바꿀 수 있는 능력을 주셨다." 참 대단하고 멋진 자각이 아닌가! 그녀는 바깥에서 들려오는 부정적인 소리를 따르거나 내면화하지 않았고, 그 결과로 『The Flowing Light of the Godhead』(흘러드는 신성의 빛)라는 그녀만의 걸작을 낳을 수 있었다.

우리도 사라처럼, 메히틸트처럼 살 수 있다. 영국 시인 윌리엄 블레이크는 이렇게 말한다. "인간은 미리 나무가 심겨지고 씨앗이 뿌려진 정원처럼 되어 태어난다."(『천국과 지옥의 결혼』, 민음사, 88쪽) 그렇다. 우리 안에는 창조적인 삶을 가능하게 하는 예술가가 자리하고 있다. 성서는 그 예술가를 일컬어 "하나님의 씨앗"(요일 3:9)이라고 부른다. 우리는 너나없이 그 씨앗을 싹틔워 꽃피우라고 부름 받았다. 남들이 "당신은 할 수 없어!"라고 말해도, "아니요, 나는 할 수 있어요!"라고 말하면서 스스로를 추스르는 모습은 여간 보기 좋은 게 아니다. 우리 모두 "너는 할 수 없어!"라

위실나무꽃

황매

는 가학증과 "나는 할 수 없어!"라는 피학증을 뿌리치고, 자기 안에 있
는 예술가를 깨우고, 자기 속에 뿌려진 하나님의 씨앗을 싹틔우는 삶으
로 힘차게 나아갔으면 좋겠다. "안 된다고요? 아니에요, 당신은 할 수 있
어요. 당신은 당신의 길을 바꿀 수 있어요. 당신은 하나님의 씨앗을 싹
틔울 수 있어요. 당신은 과수원 같은 사람이니까요." 이것이 우리의 인
사말이 되면 좋겠다.

기쁨과 웃음은 그냥 주어지는 것이 아니라, 상당한 노력과 훈련을 요구하는 창조적 삶의 열매다. 기쁨은 신자의 선택사항이 아니라 반드시 지켜야 할 의무사항이다. 성서가 우리에게 "항상 기뻐하라."(살전 5:16)고 명령하는 것은 그 때문이다. 기쁨은 더 큰 기쁨을 몰아오고, 웃음은 더 큰 웃음을 데불고 온다. 그러니 우리는 하나님을 웃음을 주시는 분, 곧 창조적 삶의 원천으로 새기고, 그런 하나님 안에 성실히 머무르고, 자기에게 주어진 창조성을 한껏 발휘하고, 삶의 근원적 기쁨을 회복하여, 주위에 커다란 웃음을 퍼뜨리고 볼 일이다.

매혹의 아우라

꽃들은 비교하지 않는다

5월로 접어들어 6월을 향해 나아가는 이 시기의 '비밀의 정원'은 그야말로 꽃 사태다. 화려한 자태와 향기를 지녔으면서 화기(花期)가 일주일밖에 안 돼 아쉽기 그지없지만 모란이 피었다 지고, 예배당 입구의 아치를 뒤덮던 목향장미도 피었다 지고, 그 뒤를 이어 철쭉과 매발톱, 알리움과 조생종 서양원추리, 애기말발도리와 마가렛, 지피식물인 씀바귀와 이끼용담과 송엽국, 새우란과 자란, 붓꽃과 독일계 아이리스, 디기탈리스와 금어초, 데이지와 끈끈이대나물과 수레국화, 작약과 해당화, 위실과 이유매와 산가막살과 미스김라일락, 걸이용 화분에 심긴 다양한 빛깔의 페튜니아와 서피니아와 버베나와 숙근제라늄, 초봄에 유인해준 큰꽃으아리와 클레마티스, 한해살이 화초양귀비와 숙근양귀비, 연못용 수조에 담긴 한대성 수련, 땅장미와 덩굴장미 등이 정원 구석구석을 차지하고서 저마다 자기만의 빛깔과 모양과 향기를 한껏 뽐내며 꽃 사태를 이루고 있다. 저마다 자기에게 맞춤한 꽃등을 내걸고 자기가 딛고 선 자

금어초

리와 주위를 더없이 환하게 밝히고 있다.

　지난 늦겨울부터 거의 두 달 동안 저 꽃들을 피우기 위해 수고하고 땀 흘렸으니, 이제 정원사에게는 그 꽃들을 들여다보며 내면을 풍요롭게 하고, 꽃들을 완상하며 묵상에 젖어드는 즐거움만 남았다. 그 즐거움을 만끽하기 위해 '비밀의 정원'에 핀 꽃들을 유심히 완상하노라면 얻는 통찰이 참 많고, 눈도 마음도 함께 맑아지는 것을 느끼게 된다. 크건 작건, 화려하건 수수하건, 꽃들은 제 옆의 꽃을 시샘하거나 부러워하거나 키 재기를 하는 법이 없다. 씀바귀 꽃은 금낭화를 부러워하지 않고, 매발톱은 모란을 시샘하지 않으며, 마가렛은 클레마티스를 닮으려 하지 않고, 비올라는 장미와 키 재기를 하지 않는다. 꽃들은 도무지 비교할 줄 모른다. 저마다 자기에게 품부된 본성에 충실하게 피어나, 더없이 환한 꽃등으로 창조주의 영광을 드러내고, 보는 이의 마음속에 놀람과 감탄을 불러일으킬 뿐이다. 그런 꽃들로 어우러진 '비밀의 정원'을 거닐다 보면 각양각색의 꽃들이 저마다 주님께 드리는 당찬 고백을 엿듣게 된다. 육신의 귀가 아닌 마음속의 귀로 듣는 것이다.

> 나는 나만의 빛깔이 있어요
> 당신을 환하게 해드릴 빛깔이지요
> 다른 데를 기웃거리지도
> 남과 견주지도 않아요
> 당신은 원본을 좋아하시고
> 나는 대체할 수 없는 몸이니

매뉴얼이란 게 아예 없는 자기만의 고유한 삶, 대체할 수 없는 존재의 삶을 영위하다니, 꽃들의 내적인 힘(내공)은 정말 대단하다.

정원을 정원사만 독차지하는 것은 있을 수도 없고, 꽃들도 바라는 일이 아니다. 닫힌 정원보다는 열린 정원이 바람직하다. 꽃들은 모든 숨탄것의 찬탄을 받아야 마땅하기 때문이다. '비밀의 정원'이라 불리지만, 이름과 다르게 활짝 열린 정원이 갈릴리교회의 정원이다. 탐방객 누구에게나 열려 있다. 소문을 듣고 찾아오는 탐방객의 반응이 대체로 놀람과 감탄이라면, 정원사와 꽃들에게 이보다 더 바람직하고 흐뭇한 일은 없겠다.

하지만 탐방객 중에는 반드시 알아야겠다는 듯이 정원사에게 이런 질문을 던지는 사람이 더러 있다. "이 많은 꽃 가운데 정원사님이 특별히 예뻐하는 꽃이 무엇인지요?" 대답하기에 난감하고 고약한 질문이 아닐 수 없다. 그런 질문을 받을 때면, 나는 오른손 검지를 척 세우고는 말없이 내 입술에 바짝 가져다대곤 한다. 비교하며 우열을 따져 묻는 질문은 꽃들도 싫어함을 아는 까닭이다. 이유를 낮은 목소리로 조곤조곤 알려주면 탐방객도 이내 수긍한다.

정원사의 눈에는 모든 꽃이 다 예쁘다. 그래서 정원사는 수시로 이런

금영화

동요를 부른다.

꽃은 참 예쁘다.
풀꽃도 예쁘다.
이 꽃 저 꽃 저 꽃 이 꽃
예쁘지 않은 꽃은 없다.

– 이창희 시, 백창우 곡, 「예쁘지 않은 꽃은 없다」 전문

'비밀의 정원'에 핀 꽃들은 석축용 돌들처럼 다 중요로운 존재들이다.
화단을 조성하려고 석축을 쌓던 때가 생각난다. 석축을 쌓을 때는 크고
반듯하고 잘난 돌만 필요한 게 아니다. 울퉁불퉁 못생긴 돌, 빼쪽빼쪽

수련

숙근 양귀비

모난 돌, 넓적한 구들돌, 둥글둥글 원만한 돌, 잔돌, 자갈, 깨진 돌 등 다양한 크기와 모양의 돌들도 필요하다. 크고 반듯한 돌은 주로 밑돌과 그위에 차곡차곡 쌓는 돌로 사용한다. 크고 반듯한 돌이 부족할 경우에는그때그때의 형편에 맞게 제법 크면서도 모난 돌, 구들돌, 울퉁불퉁한 돌등 여러 모양의 돌을 사용한다. 이때 요긴하게 쓰이는 것이 잔돌과 깨진 돌이다. 잔돌과 깨진 돌은 굄돌 역할을 한다. 윗돌의 밑을 괴거나 받쳐 안정시키는 것이다. 그 돌들은 큰 돌과 큰 돌 사이의 빈틈을 촘촘히매워주는 쐐깃돌 역할도 한다. 석축을 쌓는 사람은 볼품없이 생긴 돌이나 자잘한 돌도 아주 소중하게 사용한다. 작다고 못생겼다고 외면하거나 버리는 법이 없다. 그런 돌들에게도 지극한 마음을 기울인다. 그런 돌들은 대개 석축의 안쪽에 오밀조밀 채워 넣는데 사용한다. 그 돌들은 바깥 큰 돌들의 빈틈을 안에서 빼곡히 매워주어 석축이 무너지지 않도록 결정적인 역할을 한다.

나는 꽃을 기르고 돌보면서 하나님의 마음을 엿보고 내 것으로 갈무리하고자 애쓴다. 하나님은 어떤 사람이 크고 잘났다고 해서 그를 더 사랑하거나, 작고 못났다고 해서 덜 사랑하는 분이 아니다. 마이스터 에크하르트는 그런 하나님의 마음을 시적인 언어로 의미심장하게 표현한다.

> 하찮은 벼룩도 하나님 안에 있으면, 그는 천사보다 고귀하다. 하나님 안에서 만물은 평등하며, 만물은 하나님 자신이기도 하다. 하나님은 만물을 사랑하시되 피조물로 여기지 않고, 하나님으로 여겨 사랑하신다.
>
> -『마이스터 엑카르트는 이렇게 말했다』, 분도출판사, 152-153쪽

하나님은 초록 땅별 구성원들에게 사랑과 자비를 고르게 베푸시는 분이다.(마 5:45) 이렇다 할 업적 없이 그저 숨만 쉬며 존재하는 사람에게도 하나님은 동등한 사랑을 베푸신다. 그러니 우리는 스스로를 남과 비교하여, 남보다 잘났다고 우쭐대거나, 남보다 못났다고 주눅 들 이유가 전혀 없다. 하나님 안에서는 모두가 평등하고, 모두가 하나님 나라의 중요한 구성원이기 때문이다.

이 세상에서 제일 어리석은 것은 무엇일까? 규격화된 성공 매뉴얼을 찾아다니며 남 따라 사느라 자기다움을 잃는 게 아닐까? 이를테면 자기

만의 환한 꽃등을 내걸도록 태어났으면서도 채송화가 맨드라미를 부러워하고, 맨드라미가 장미를 시새우는 것이다. 아이다 미츠오는 남처럼 살려고 애쓰는 사람들에게 조소(嘲笑) 섞인 시 한 편을 띄운다.

그토록 강렬한 삶을 살았으므로
풀은 말라버린 후에도 지나는 이들의 눈을 끄는 것
꽃은 그저 한 송이 꽃일 뿐이나
혼신을 다해 제 소명을 다한다
외딴 골짜기에 핀 백합은
누구에게도 자신을 내세우지 않는다
꽃은 아름다움을 위해 살 뿐인데

작약

알리움

사람은 '제 모습 그대로' 살지 못한다

토마토가 참외가 되려 한다면

그보다 우스운 일 어디 있을까

놀라워라

얼마나 많은 사람들이

자기가 아닌 다른 무엇이 되고 싶어 하는지

자신을 우스운 꼴로 만들려는 이유가 무엇인가?

– 파울로 코엘료, 『흐르는 강물처럼』, 문학동네, 259-260쪽에서 재인용

잘 산다는 것은 남 따라 사는 것이 아니라 대체할 수 없는 존재로서 자기다움을 잃지 않고 사는 것이다. 우리가 죽어서 하나님 앞에 서게 될 때, 하나님은 우리에게 어떤 물음을 던지실까? 아마도 이런 물음을 던지실 것 같다. "얘야, 너는 얼마나 너답게 살았느냐?" 랍비 수시야는 죽기 전에 이런 말을 했다고 한다. "내가 저세상에 가면 '너는 왜 모세가 되지 못했느냐'가 아니라, '너는 왜 수시야가 되지 못했느냐'고 문초를 받게 될 것이다."(마르틴 부버, 『하시디즘과 현대인』, 현대사상사, 121쪽) 자기다움만큼 이 세상에 값진 선물은 없다. 각 사람 안에는 값을 매길 수 없을 만큼 귀중한 보물이 자리하고 있다. 각 사람은 남의 것과 비교할 수 없을 만큼 소중한 보물, 남에게는 없는 자기만의 숨은 가치를 지니고 있다. 우리는 너나없이 주님의 밭에서 자라나는, 누구와도 비교할 수 없는 꽃들이다. 그러니 우리는 남과 비교하면서 제 속을 끓일 게 아니라, 스스로를 존중하면서 자기다움을 한껏 발산하고 볼 일이다.

매혹의 아우라

아무리 날마다 정원에 물을 주어도, 인력으로 주는 물은 하늘에서 오는 도움만 못하다. "하늘이 주신 물이라야……, 그저 하늘에서 오시는 물이라야……"(조재도, 「비」에서) 사람이 주는 물은 화초가 제 고유의 빛깔을 온전히 발현하지 못하고 겨우겨우 명맥만 이어가게 할 뿐이다. 그렇게 명맥만 이어가다가, 비가 한 차례라도 내리면, 그들은 바로 이때다 싶게 제 고유의 빛깔을 여봐란 듯이 마음껏 펼쳐놓는다. 그럴 때 그들의 빛깔은 참 선명하고 밝아서, 그들을 바라보는 정원사의 눈까지 밝아지게 하고, 마음마저 먼지가 말끔히 씻긴 듯 환하게 한다. 그들은 바라보는 이의 시각뿐만 아니라 후각도 사로잡는다. 그들이 무시로 흩뿌리는 향기를 깊이 들이마시면, 그 향기가 어찌나 깊은지 아찔하니 어지럼증을 일으키며 정원사의 발걸음을 아슬아슬하게 하기까지 한다.

그렇게 제 빛깔과 향기를 발현하고 표출하는 화초들을 볼 때면, 자연스레 그들의 창조적 자발성(토머스 베리)에 놀라움을 금치 못하게 된다. 내면에 고인 창조 에너지, 내면에서 샘솟는 생명 에너지를 한껏 분출하는 것, 그것이 바로 창조적 자발성이다. 그것은 외부의 강요에 속박당하는 것이 아니라, 자기 내면에 웅크린 가치의 발현에 성실하게 응답하는 것이면서 동시에 주위와 어우러질 줄 아는 것이기도 하다.

식물들은 저마다 자신이 뿌리 내린 터(존재 이유)가 최적화되기만 하면

클레마티스

장미

여지없이 창조적 자발성에 골몰한다. 그러고는 누구도 흉내 내지 못할 고유의 모양과 빛깔과 향기로 자기만의 매혹적 분위기, 이른바 매혹의 아우라(aura)를 발산하며 주위를 끌어당긴다. 벌과 나비, 잠자리와 개구리를 끌어당기고, 사람의 눈과 코와 마음도 끌어당겨, 이들의 내면에 환한 빛살을 안김과 동시에 생명에 대한 찬탄을 자아낸다. 그들은 정원사의 마음을 툭 치며 이런 말을 하기까지 한다.

누군가의 요구나 강요에 떠밀리지 않아요,
내 안의 요구에 성실히 응할 뿐.
나의 이 빛깔과 향기로

내가 최선의 상태에 있음을 알리는 거예요.

식물들의 창조적 자발성에 마음을 모으다 보면, 남의 이목을 끌려고 애면글면하고 남이 보아주지 않으면 풀이 죽는 인간이 참 안쓰럽게 여겨진다. 힐데가르트 폰 빙엔은 그런 사람에게 따끔한 일침을 가한다. "광채 없는 피조물은 없다. 저마다 푸릇함이나 씨알, 꽃이나 아름다움을 지니고 있다. 그렇지 않다면 그것은 피조물이 아니다."(『Meditations with Hildegard of Bingen』, Bear & Company, p24) 예수님은 제자들에게 "너희는 세상의 빛이다."라고 말씀하셨다.(마 5:14) 창조주 하나님의 황홀한 빛을 타고 났으면서도 그 빛을 분출하기는커녕 오히려 "나에겐 빛이 없어."라고 말하는 사람은 참 가련한 사람이다.

사람이 존재만으로도 주위를 환하게 하고, 존재만으로도 매혹의 아우라를 풍겨 주위를 끌어당기려면 어찌해야 하는가? 꽃들에게 정원사의 손길이 필요하듯이, 사람에게는 하나님의 손길(은총)이 필요하다. 하나님의 손길에 감촉될 때에만 사람은 비로소 최선의 상태에 있을 수 있고, 그 상태에서만 사람은 누구도 대체할 수 없는 자기만의 고유한 가치를 발현하며 주위를 밝힐 수 있다.

3장
—
여름

황혼의 지식에서 여명의 지식으로
하나님의 빛깔에 젖어드는 사람
두레우물을 찾아서
가장 맞춤한 상태에 있으려면
에로스의 회복

황혼의 지식에서 여명의 지식으로

착한 걸음걸이

돌산의 계동 바닷가에 몸 붙여 생활한 지난 십여 년은 그야말로 자연의 세례, 녹색 은총의 세례를 흠뻑 받은 세월이었다. 돌산에서 해안 경관이 빼어나기로 소문난 곳, 변화무쌍함이 나를 들뜨게 하고, 나를 녹색 사원에서 뛰노는 아이로 만든 계동! 물이 수려하고, 깎아지른 듯한 절벽과 갯바위가 장관을 연출하고, 장엄한 해돋이가 펼쳐지는 곳! 그래서인지 사시사철 관광객과 보행객과 낚시꾼이 끊이지 않는다.

이런 계동이 몸살을 앓고 있다. 갯가길 보행로나, 해안길 도로변, 몽돌 바닷가, 갯바위 낚시터 등에는 어김없이 쓰레기들이 나뒹굴고 있다. 사람들이 보행하거나 주행하거나 낚시하다가 버린 쓰레기, 혹은 해류를 타고 떠밀려온 쓰레기가 천혜의 아름다운 경관을 야금야금 해치고 있는 것이다. 때때로 주민들이 힘을 합해 치우고, 청소하는 이들이 치워도, 며칠만 지나면 또다시 쓰레기가 나뒹군다. 그런 쓰레기를 보노라면 근절할 마땅한 방법이 없어서 한숨만 푹푹 쉴 때도 적지 않다. "아니 온 듯 다녀가소서!"라는 현수막이라도 곳곳에 내걸어야 하는지?

대자연의 품에 안겨 정복자의 자세를 내려놓고 시푸른 바다에 낚싯대를 드리우거나, 갯가 길을 걸으며 장하게 펼쳐진 쪽빛 바다, 갯바위를 때리는 파도를 보면서 내면의 울림에 귀 기울이고, 걱정과 염려와 근심이 어지러이 일렁이는 마음의 표층에서 잔잔하고 고요한 심층으로 내려가면, 그래서 이전보다 더 맑아지고 밝아지고 깊어지고 고요해져 돌아가면 얼마나 좋을까? 흔적 없이 다녀가면 얼마나 좋을까? 바위나 나무줄기에 잘난 이름 석 자 새기는 짓, 꽃과 들풀이 있어야 할 자리, 맑은 물이 흘러야 할 자리, 새들이 쉬어야 할 자리, 칠게와 농게가 뛰놀고 홍합이 무리 지어 자라야 할 자리에 양심을 버리는 짓을 언제까지 되풀이하려는가?

백합

사람이 지나간 자연은 참혹하다. 꽃이 꺾이고, 나무가 꺾이고, 풀잎이 밟히고, 표토가 깎여나간다. 하지만 새가 지나간 자리, 구름이 지나간 자리는 흔적 없이 말끔하다. 새는 산속을 날아다녀도 날개가 나뭇가지에 닿지 않는다. 구름과 비가 지나간 자리는 참 맑고 깨끗하다. 그야말로 善行(선행, 잘 걸어감)이어서 無轍迹(무철적, 흔적을 남기지 않음)이다.(노자) 그래서 자연의 모든 것은 정말로 자연스러운 풍경이 된다. 사람도 이와 같을 수는 없는가? 우리의 걸음걸이에 무엇 하나 꺾이지 않고, 누구 하나 다치지 않는 그런 길을 걸어가면 얼마나 좋을까? 내 행보가 생명을 파괴하지 않고 생명을 살리고 북돋우는 착한 걸음걸이가 되는 것! 생각하면 생각할수록 엄청난 꿈이지만 도저히 떨쳐버릴 수 없는 꿈이다. 환경선교주일에 우중비원(雨中秘園)에 핀 꽃과 나무들을 자세히 그리고 오래오래 들여다보면서 그런 꿈을 거듭거듭 갈무리한다.

시간이 촉박하다

인간의 악한 걸음걸이 때문에 상처투성이가 된 지구촌의 현실이 얼마나 위급한 상태인지를 알리는 시계가 있다. 바로 "운명의 날 시계(Doomsday clock)"다. 이 시계는 인류 멸망의 위험도를 가늠케 하는 상징물로서, 미국의 원자폭탄 개발에 참여했던 과학자들이 1947년 시카고대학에 설치한 것이다. 그 시계를 관리하고 있는 시카고대학 당국은 2016년 1월 26일 그 시계의 분침을 2015년과 마찬가지로 자정 3분 전(23시 57분)에 맞추면서 그 이유를 다음과 같이 제시했다. "이란 핵협상이 타결됐지만 미·중 갈등, 미·러 갈등이 위험을 야기하고 있고, 북한의 4차 핵

백합

실험이 감행되었으며, 파리 기후변화 합의가 나름의 성과를 냈지만 기후변화 추세를 바꾸기에는 역부족이기 때문이다." 이 시계의 분침이 자정에 가까워지면 가까워질수록 지구 종말의 위기가 임박했다는 뜻이다. 시간이 촉박하다(Die Zeit drängt). 우리에게는 시간이 3분밖에 남아 있지 않다. 이 말은 지구가 빈사 상태에 처해 있다는 뜻이다.

누가 강도 만난 이의 이웃인가?

누가 있어 빈사 상태에 놓인 지구를 치료하고 살릴 것인가? '착한 사마리아 사람의 비유'를 생각한다.

어떤 사람이 산 중턱에서 강도들을 만났다. 그는 강도들에게 옷을

백합

빼앗기고, 매를 맞아 거의 죽게 된 채로 버려졌다. 죽은 시체처럼 온통 피멍이 든 채 널브러져 있는 그 사람을 가장 먼저 발견한 사람은 제사장과 레위 사람이었다. 하지만 그들은 거의 죽게 된 그 사람을 보고도 못 본 척 그냥 지나가버리고 말았다. 마지막으로 한 사마리아 사람이 강도 만난 사람을 발견하였다. 이 사마리아 사람은 거반 죽은 사람을 보고는 측은한 마음이 들어 그에게 가까이 다가갔다. 그러고는 그 상처에 올리브기름과 포도주를 붓고 싸맨 다음에, 자기 나귀에 태워서, 여관으로 데리고 가서 돌보아주었다.   - 눅 10:30-34

이 비유에는 우리가 빠져들 수 있는 오류와 그 오류를 시정할 수 있는 비결이 숨어 있다. 여기 강도 만난 자는 오늘날 누구인가? 나는 지구가 그라고 생각한다. 지구는 한정된 자원에도, 수요가 무한하니 생산과 성장도 무한해야 한다고 생각하는 팽창주의자들에 의해 끊임없이 착취당하다가 급기야 온몸이 상처투성이가 되고 말았다. 팽창주의자들의 발호를 뒷받침한 것은 "땅을 정복하여라. … 모든 생물을 다스려라."(창 1:28)는 구절을 그느름이 아닌 오만방자한 지배로 해석한 기독교 신학이었다. 그 신학은 지금도 기복신앙을 부추기는 교회 안에서 공공연히 판매되고 있다. 오늘날 물질의 복을 많이 받는 것이 얼마나 큰 죄인지 아는가? 인간이 누리겠다고 하는 물질적인 복 때문에 지구가 어떤 상태에 처해 있는지 아는가? 오늘날 창조세계는 끊임없이 강도를 만나 폭행당하고 있다. 물질적인 복을 무한정 늘리려는 자는 하나님의 창조세계를 강탈하는 강도나 다름없다. 바야흐로 지구는 강도 만난 자처럼 만신창이가 되어가고 있다. "이 세계는 하나님의 몸이다."라고 한 샐리 맥페이그의 표현을 그대로 받아들여 말하자면, 하나님의 몸이 폭행당하고 있는 것이다.

하나님의 몸에 폭행을 가한 사람들이 있는가 하면, 상처투성이인 하나님의 몸을 보고도 못 본 척 그냥 지나가버린 사람도 있다. 제사장과 레위 사람의 행동이 그러하다. 그들은 모두 성직에 몸담고 있던 자들이다. 그들은 만신창이가 된 하나님의 몸을 왜 외면하고 말았을까? 하나님의 몸을 돌보는 일보다 더 중요하다고 생각되는 무언가에 정신이 팔려 있었던 것은 아닐까? 그들은 창조세계를 도외시한 인간만의 구원, 인간만의 물질축복을 설교하는 일에 정신을 팔고 있었는지도 모른다. 하지만 하나님의 몸을 도외시하고 돌보지 않는 설교 내지 그런 영성이 무슨 소용이 있으랴? 하나님의 몸이 거의 죽어가고 있는데.

비유에 등장하는 제사장과 레위 사람은 '강도를 만나 거반 죽은 사람'을 시체로 여긴 나머지, 부정을 탈까봐 고의로 피해갔을 것이다.(레 21:11) 이를테면 그들이 추구한 거룩함(영적 완전)은 고통받는 자와 아픔이 있는 자, 그리고 하나님의 몸을 돌아보지 못하는 거룩함이었을 것이다. 상처로 얼룩진 사람, 상처투성이인 하나님의 몸에서 우리를 멀어지게 하는 거룩함, 피 흘리는 이웃을 돌아보지 못하게 하는 거룩함은 정녕 거룩함이 아니다. 그런 거룩함은 사이를 만들고 사이를 벌릴 뿐이다.

반면에 죽어 가고 있는 하나님의 몸을 눈여겨보고, 함께 아파하며, 치유를 모색한 사람도 있다. 그는 사마리아 사람이다. 그는 상처투성이 하나님의 몸을 보자마자 가까이 다가가서 상처를 싸매고, 나귀에 태워서, 여관으로 데려갔다. 그는 나귀를 타고 있었다. 하지만 그는 상처투성이 하나님의 몸을 보자마자 나귀에게서 뛰어내릴 수밖에 없었다. 어쩌면 이 나귀는 현대사회의 지배적 상징인 사다리인지도 모른다. 현대인은 마천루로 이어진 사다리를 올라가느라 분주한 나머지 주위를 살필 겨를을 갖지 못하고 있다. 그들을 사로잡는 것은 사다리의 가로대를 한 칸 한 칸 오를 때 맛보는 기쁨뿐이다. 그런데 사마리아 사람은 상처 입은 하나님의 몸을 보자마자 그 사다리의 가로대에서 주저함 없이 뛰어내렸다. 그가 걸어간 길은 고통당하는 하나님의 몸을 눈여겨보고 함께 아파하고 치유를 모색하고 거리를 좁히는 길이었다. 그가 걸어간 길은 나와 너, 나와 하나님의 몸, 나와 만물이 서로 연결되어 있음을 깨닫고, 아름다운 어울림을 이루어내는 자비의 길이었다.

　가쁜 숨을 몰아쉬며 신음하고 있는 하나님의 몸은 지금 자비를 베풀 줄 아는 "선한" 이웃을 간절히 기다리고 있다. 과연 우리는 상처투성이인 하나님의 몸, 곧 이 지구의 선한 이웃이 되어 줄 수 있는가? 과연 우리는 사다리 꼭대기에서 상처 입은 하나님의 몸으로 뛰어내릴 용기가 있는가? 과연 우리는 사이를 벌리는 거룩함에서 사이를 좁히고 아름다운 어울림을 만들어내는 자비로 뛰어내릴 용기가 있는가? 예수는 '강도 만난 사람의 이웃'은 '자비를 베푼' 사마리아 사람이라고 말씀하셨다. 그리고 그분은 우리에게 이렇게 명령하신다. "가서, 너도 그렇게 하여라."(눅 10:37)

황혼의 지식에서 여명의 지식으로

마이스터 에크하르트는 「귀인에 대하여」라는 글에서 이렇게 말했다.

> 피조물 나름의 본질을 아는 것을 일컬어 "황혼의 지식Abenderkenntnis"이라고 한다. 그때 우리는 피조물을 다양한 차이를 지닌 형상으로 보게 된다. 반면에 피조물을 하나님 안에서 아는 것은 "여명의 지식Morgenerkenntnis"이라고 불린다. 우리는 이 방법으로 하나, 곧 하나님 안에서 모든 차이를 여의고, 모든 형상을 여의고, 모든 비슷함을 벗어버린 피조물을 본다.
>
> —『Deutsche Werke V』, W. Kohlhammer Verlag, S. 502

황혼의 지식은 개개의 피조물을 차이를 지닌 피조물로 아는 것이다. 말하자면 전체에서 부분을 떼어놓고 그 본질을 규명하는 지식이다. 그것은 대게 인간을 기준으로 놓고 피조물의 쓰임새를 따지게 마련이다. 그러한 지식은 표피적이고 단편적일 수밖에 없다. 이제까지의 과학이 그 길을 걸어왔고, 인간과 피조물을 가르고 인간과 자연을 갈라 인간만의 구원을 외치던 신학도 그 길을 걸어왔다. 그러한 지식은 저무는 지식이다.

　반면에 여명의 지식은 피조물을 알되 하나님 안에서 아는 것이다. 말하자면 만물이 하나님의 품 안에 있음을 아는 것이고, 창조세계가 하나님의 몸임을 아는 것이며, 하나님의 몸 안에서 나와 남(피조물)이 따로 없음을 아는 것이다. 피조물을 마주하여 인간에게 얼마나 유용한지를 따지는 것이 아니라, 꽃 한 송이 들풀 한 포기 역시 사람과 마찬가지로 하나님의 몸을 구성하는 중요한 구성원임을 인식하는 것이다. 여명의 지식은 동트는 지식이다. 왜냐하면 그것은 지속 가능한 미래(하나님의 몸의 지속 가능성)를 약속하기 때문이다.

　지속 가능한 미래의 존재 여부는 우리가 황혼의 지식에서 여명의 지식으로 나아가느냐 그러지 않느냐에 달려 있다. 우리는 지금 저무는 저녁에 서 있는가? 아니면 동트는 새벽을 맞이하고 있는가?

하나님의 빛깔에 젖어드는 사람

'녹색교회'로 선정되고 나서

'좀 더 작게(smaller), 좀 더 느리게(slower), 좀 더 가난하게(more poor), 좀 더 불편하게(more inconvenient)'를 마음속 표어로 삼고, 외적으로는 그리스 도를 생명과 평화의 주님으로 고백하며 '생명과 평화의 길을 걷는 녹색 교회'를 갈릴리교회 표어로 걸고, 이를 달성하기 위해 생명 긍정(yes to life)과 생명 살림, 생명과 생명이 어우러져 이루는 조화와 평화에 삶의 초점을 맞추어 온 지 열세 해가 되었다. 지난 세월은 전 지구적 생태 위 기의 시대에 창조세계의 보전을 위해 힘쓰는 삶, 생명을 살리고 돌보는 고품격 생활방식을 강조하고, 초록 땅별 지구를 좀 더 풍요로운 행성으 로 복구하는 데 단순하고 소박한 삶만큼 바람직한 삶은 없음을 온 교우 와 함께 갈무리한 세월이었다.

그 세월을 압축해서 보여주는 증거가 바로 갈릴리교회의 '비밀의 정 원'이다. '비밀의 정원'은 교회와 그리스도인이 정원지기(κηπουρός)의 모 습으로 부활하신 그리스도(요 20:15)를 본받으려면 어찌해야 하는지, 생명과 평화를 이야기하는 교회가 왜 정원을 일구어야 하는지, 교회가 낙원을 얼핏 보여주는 곳이 되려면 어떻게 해야 하는지, 교회가 지속 가능한 삶을 꿈꾸고 이야기하려면 어떤 길을 걸어야 하는지를 자신의 존재로 생생히 증언하고, 정원 일(gardening)이야말로 우주의 가장 깊은 신비에 능동적으로 참여하는 일(토머스 베리)임을 알록달록 오색 빛깔과 깊고 그윽한 향기로 묵묵히 일깨우고 있다.

한국기독교교회협의회에서는 생태환경 위기 시대에 건강하고 지속 가능한 사회, 즉 새 하늘과 새 땅을 이루기 위해 녹색교회운동을 전개하면서, 기독교환경운동연대와 공동으로 지난 2006년부터 전국 각 교단의 대표적인 녹색교회를 선정하여 매년 환경주일 연합예배 때 '올해의 녹색교회'로 발표하고 시상하는데, 올해(2018년)는 감사하게도 우리 갈릴리교회도 녹색교회로 선정되어 인증서와 기념패를 수상했다. 그동안 갈릴리교회가 '비밀의 정원'을 일구며 생명과 평화의 길을 걷고자 힘써 온 것에 대한 교계 전체의 치하인 셈이다.

환경선교주일에 온 교우가 녹색교회 인증서와 기념패를 바라보며, 여기까지 인도해주신 하나님께 감사하며, 서로 축하하는 시간을 가졌으니, 이제는 '비밀의 정원' 식구들과도 축하하는 시간을 가져야 마땅하다고 생각했다. 갈릴리교회가 녹색교회로 선정되는 데 지대한 역할을 한 이들이 그들이고, '비밀의 정원'에 자리한 나무 한 그루, 꽃 한 송이, 풀한 포기, 돌덩이 하나, 흙 한 줌도 그 지난한 세월과 무관하지 않기 때문이다. 그래서 정원사가 기념패를 들고 천천히 정원을 거닐며 정원 식구들에게 일일이 보여주었다. 마주한 나무들과 꽃들을 향해 성 프란치스

코를 모방하여 마음속으로 '나무 형제, 고마워요. 그대 덕분이에요. 꽃 자매, 감사해요. 그대 덕분이에요.' 하면서 그간의 공을 치하했다. 그러 자 백합과 수국, 아이리스와 낮달맞이꽃, 페튜니아와 서피니아, 수레국 화와 금계국, 장미와 달리아, 금어초와 니코티아나, 가자니아와 채송화, 백일홍과 제라늄과 참제비고깔 등의 빛깔이 더욱 선명해지고, 그들의 향기도 더욱 그윽해지는 듯했다. 덩달아 정원사의 마음도 갈데없이 환해지고 고요해졌다.

　나는 기념패를 들고 정원 식구들과 일일이 교감하면서 마음속으로 '생명과 평화는 성령에 속한 생각(롬 8:6)이니, 앞으로도 녹색교회에 맞갖게 생명과 평화의 길을 온 교우와 더불어 더욱 힘써 걸으리라.' 다짐하고 또 다짐했다.

하나님의 빛깔에 젖어드는 사람

　한여름에 접어들면서 주위의 산야가 온통 짙은 초록으로 물들었다. 군데군데 수국, 나리, 플록스, 인디언국화(에키나세아), 루드베키아, 채송화, 백일홍 등 여러 빛깔의 꽃들이 피어 다채로움을 더하고 있기는 하지만, '비밀의 정원'도 전반적인 색조는 짙은 초록이다. 맨흙이 보이지 않을 정도로 화단마다 작은 초록 숲이 우거져 있다. 바야흐로 녹음(綠陰)의

수국과 백합

수국

계절이다. 초록 빛깔로 물들어 힘찬 생장의 축제를 벌이는 산야와 정원
을 바라보노라면, 정원사의 영혼도 시푸른 빛깔로 물드는 것을 느끼게
된다. 사람을 악하게 만들려면 몇 주 내내 녹색식물을 보지 못하게 하라
는 말이 있고, 기운이 달리면 숲속에 들어 기운을 얻는다는 아메리카 인
디언 이야기도 있다. 이는 모두 녹색으로 아롱진 대자연 속에 사람의 영
혼을 푸르게 하는 힘이 들어 있음을 알리는 말들이리라.

자신의 몸을 녹색으로 물들여 치장하는 정원, 푸르고 싱싱한 생장과
생산의 축제를 벌이며 신비를 드러내는 자연, 바라보는 이의 영혼까지
푸르게 물들이는 우주를 마주하면서 '이들을 지으신 하나님의 빛깔은
녹색에 가깝다. 아니 창조주 하나님의 빛깔은 정녕 녹색이다.'라고 확신
하지 않을 수 없게 된다. 나는 이 확신을 굳게 부여잡고 다음과 같은 말

을 되뇌곤 한다. '녹색으로 물든 대자연은 하나님이 거니시는 신의 정원이다.' 숀 맥도나휴가 말한 대로, 창조주께서 연인의 모습을 하고서 자연에게로 다가가 입 맞추고 포옹하는 것은 그 때문일 것이다.

창조 영성가 힐데가르트 폰 빙엔은 창조주께서 자신의 정원을 얼마나 공들여 가꾸시는지, 창조주께서 어떤 모습으로 자신의 정원에 다가가시는지를 풍부한 이미지로 그려 보인다.

창조주의 능력에서 대지의 성분들이 지닌 생명력이 나오고, 이 활력은 이 세계를 껴안아 따뜻하게 하고, 촉촉하게 하고, 단단하게 하고, 녹색으로 물들입니다.

– 『Meditations with Hildegard of Bingen』, Bear & Company, p59

수국

제작자가 자기의 제품을 사랑하듯이, 창조주께서도 피조물을 사랑하십니다. 피조물이 창조주의 사랑으로 꾸며지고, 창조주의 사랑을 아낌없이 받고, 창조주의 사랑을 타고났다는 것은 두말할 필요가 없습니다. 온 세계가 이 입맞춤으로 감싸여 있습니다. 하나님께서는 피조물에게 필요한 모든 것을 주셨습니다.

– 같은 책, p51

그리고 같은 영적 전통에 속하는 마이스터 에크하르트는 만물을 싱그럽게 하시는 하나님의 이미지를 싱싱하고 영원한 녹색 젊음으로 묘사한다.

우리가 '하나님은 영원하시다.'라고 말할 때, 이는 '하나님은 영원히 젊으시다.'라고 말하는 것과 같습니다. 하나님은 늘 푸르시고, 언제나 싱그러우시며, 줄곧 꽃을 피우고 계십니다. 하나님의 모든 행위는 새롭습니다. 하나님께서 만물을 새롭게 하시니 말입니다. 하나님은 존재하는 것 가운데 가장 새로운 분(novissimus), 현존하는 것 가운데 가장 젊은 분이십니다. 하나님은 시작이십니다. 그분과 하나가 된다면, 우리는 다시 새로워질 것입니다.

– 『Meditations with Meister Eckhart』, Bear & Company, p32

날마다 새로움을 지어내어 경이를 자아내는 만물을 보면서 창창한 하나님의 청춘을 엿보고, 하나님의 빛깔을 청록으로 그려내다니, 이들 모두 대단한 통찰력과 상상력을 소유한 분들이 아닐 수 없다. 그렇다. 하나님이 여시는 우주의 신비를 맑게 닦인 영혼의 창을 통해 내다보고, 문을 활짝 열어 그 신비에 뛰어드는 사람만이 푸르고 창창한 하나님의 빛깔에 젖어들 수 있다.

지금 우리는 성령강림절기를 지나고 있다. 한국 교회는 그동안 "불같은 성령", "불 받아라"를 외치면서 하나님의 빛깔을 적색으로, 하나님의 이미지를 불의 이미지로 그리고, 붉게 타오르는 불꽃의 이미지에 후끈 달아올랐는지도 모른다. 하지만 그 부작용과 폐해도 적잖이 드러났으니, 이는 우리 그리스도인들이 불의 이미지를 잘못 사용한 결과일 것이다. 사회의 곳곳에서 교회의 역기능에 대한 비판이 끊임없이 제기되고, 심심찮게 터지는 대형비리 사건마다 기독교인들이 연루되고, 교단의 장을 선출하는 시기마다 거액의 돈이 뿌려지고, 교회 안에서 이는 불편한 잡음들이 세상을 떠들썩하게 하고 있다. 이는 모두 자기의 내면 깊은 곳에 도사린 탐욕과 허영을 살라버리지 못한 일부의 사람들이 불의 이미지를 잘못 휘둘러 사람들의 영혼을 온통 황무지처럼 메마르게 하기 때문일 것이다.

그런 자들을 보면 사사기에 등장하는 가시나무가 떠오른다. "너희가 정말로 나에게 기름을 부어, 너희의 왕으로 삼으려느냐? 그렇다면, 와서 나의 그늘 아래로 피하여 숨어라. 그렇게 하지 않으면, 이 가시덤불에서 불이 뿜어 나와서 레바논의 백향목을 살라 버릴 것이다."(삿 9:14-15) 저마다 자기 안에 자리한 하나님의 부르심에 응하여 하나님과 사람을 기쁘게 하는 기름내는 일, 달고 맛있는 과일 맺는 일, 포도주 내는 일에 전

넘하겠다면서 한사코 지도자의 자리에 오르기를 만류하는 올리브나무, 무화과나무, 포도나무를 뒤로하고, 나무들이 가시나무에게 찾아가 자신들의 지도자가 되어달라고 청하자, 가시나무가 내뱉은 무섭고도 섬뜩한 말이다. 잘못 다루어진 불은 산불을 일으켜 회복하기 힘든 황폐화를 몰고 오고, 잘못 다뤄진 불의 이미지는 사람들의 영혼을 불모지로 만들어버린다. 불의 이미지는 제대로 써야 한다. 불의 이미지는 사람이 자기를 사르는 일에 써야 한다. 탐욕과 허영은 사람의 영혼을 잡아당겨 옴짝달싹 못하게 하는 끈끈한 점성을 지니고 있다. 우리는 저마다 제 안에서 끈적거리는 탐욕과 허영을 사르는 데 불의 이미지를 써야 하리라.

이제는 적색의 이미지에서 울창한 녹색의 이미지로 옮겨가는 신앙생

활, 열기로 후끈 달아오른 사막의 이미지에서 숲의 이미지로 옮겨가는 신앙생활을 영위해야 할 때다. 거친 풀만 간간이 자라는 노르께한 사막에 둥지를 튼 사람들이 하나님의 이미지를 적황색 불꽃으로 떠올렸다면, 갖가지 녹색으로 치장한 숲에 둘러싸인 우리는 하나님의 빛깔을 녹색으로, 하나님의 이미지를 녹색 정원의 창조자로 그리고, 녹색 사원을 거니시면서 피조물에게 입 맞추시는 창조주 하나님을 영혼 속에 아로새겨야 할 것이다.

성서는 자신의 정원을 푸르게 가꾸시는 하나님, 자신의 녹색 정원을 바라보시며 "참 좋구나!" 감탄하시는 하나님을 생생히 그려 보인다. "하나님께서 '땅에서 푸른 움이 돋아나거라! 땅 위에 낟알을 내는 풀과 씨 있는 온갖 과일나무가 돋아나거라!' 하시자 그대로 되었다. 이리하여 땅에는 푸른 움이 돋아났다. 낟알을 내는 온갖 풀과 씨 있는 온갖 과일나무가 돋아났다. 하나님께서 보시니 참 좋았다."(창 1:11-13) 대지에서 푸른 움이 돋기를 바라시는 하나님, 온갖 풀과 과일나무가 움터 푸짐한 생산의 잔치를 벌이기를 기대하시는 하나님의 빛깔은 정녕 녹색일 것이고, 그런 하나님은 영원한 젊음의 하나님이실 것이다.

녹색 빛깔로 자기를 두르신 하나님 안에 둥지를 틀고, 자기의 영혼을 푸르게 가꾸고, 하나님의 정원을 더 푸르게 하는 일은 '아담'으로 대표되는 모든 인간에게 맡겨진 일차적 소임이다. 하나님의 정원인 초록 땅별을 더는 파괴하지 못하게 하고, 각자에게 맡겨진 주님의 밭(삶터)을 낙원을 얼핏 보여주는 곳(녹색 성소)으로 만들어 자기의 영혼뿐만 아니라 사람들의 영혼까지 푸르게 하는 정원사, '늘 푸르신' 창조주 하나님의 빛깔에 흠뻑 젖어드는 영혼의 정원사가 몹시도 그립다.

두레우물을 찾아서

아름다움을 사랑한 죄

지구온난화와 엘리뇨 현상으로 한반도가 대가뭄에 들어섰다는 학계의 예보가 심심찮게 들려오는 요즘, 비다운 비가 내리지 않고 햇볕만 쨍쨍 내리쬐는 봄 가뭄이 한 달 넘게 지속되다가 급기야 여름철로 접어들고 말았다. 정원사인 나는 요즘 엄청난 죗값을 톡톡히 치르고 있다. 정원사가 짓는 죄의 대가를 치르고 있는 셈인데, 그 죄는 다름 아닌 아름다움을 사랑한 죄, 아름다움을 탐한 죄다. 정원사가 생명을 긍정하고(Yes to Life) 지지하고 격려하는 것, 생명과 생명이 한데 어우러져 이루는 조화(평화)를 추구하는 것도 실은 아름다움을 사랑해서(탐해서)라고 할 수 있다.

정원사가 꽃을 기르는 것은 꽃 한 송이가 내뿜는 아름다움에 놀라고, 그 아름다움이 촉발하는 환한 울림을 내면 깊은 곳에 아로새기려는 것이다. 그 환한 울림이 등잔의 기름처럼 내면에 차곡차곡 고여야, 삶이 마르지 않는 샘처럼 흘러가기 때문이다.

정원사의 길은 아름다움을 사랑하는(탐하는) 길, 곧 필로칼리아(Philokalia,

서피니아

愛美)의 길이다. 그 길의 끝에서 정원사가 만나는 대상은 창조주 하나님이다. 하나님이야말로 모든 아름다움의 알짬이시기 때문이다.

어쨌든 나는 지금 아름다움을 사랑한 죄의 대가를 호되게 치르고 있는 중이다. 가뭄이 지속되고, 주민들마저 물이 없어 벼농사를 포기한 마당에, 겁 없이 정원을 일구고 꽃과 나무를 심어 기른 대가인 셈이다. 평소 같으면 화분 식물과 채마밭에만 급수하면 될 것을 지금은 화단에도 해야 한다. 시들어가는 식물들을 볼 때면 이런 노랫말이 저절로 떠오른다.

물 좀 주소 물 좀 주소
목마르요 물 좀 주소
물은 사랑이요

능소화

나의 목을 간질며

놀리면서 밖에 보내네

…

물 좀 주소 물 좀 주소

목마르요 물 좀 주소

비만 온다면

나는 다시 일어나리

아! 비는 안 오네

– 한대수, 「물 좀 주소」 1절과 3절

축축 늘어진 채 수분 부족을 알리며 물 좀 달라고 보채는 식물들의 호소에 응하지 않으면, 식물들이 꽃을 제대로 피우지 못할 테고, 그러면 정원사와 탐방객은 꽃 보는 즐거움을 놓칠 것이며, 결국에는 정원을 일군 의미와 보람도 가뭇없이 사라지고 말 테니, 도저히 물을 주지 않을 수 없는 거다. 대략 오후 6시부터 서너 시간 동안 아내와 함께 물을 주다 보면, 몸은 그야말로 천근만근이 되고 만다. 저녁식사는 밤 10시경에나 하게 되고. 지하수는 말라가고, 속은 숯검정처럼 까맣게 타들어가고, 몸까지 고되다 보니, '괜히 정원을 일궜어.'라는 생각도 하게 된다.

그래도 아침에 환한 얼굴로 정원사를 맞이하는 꽃들을 보면, '세상을 구원하는 것은 아름다움이니, 아무리 혹독한 대가를 치르더라도 아름다움은 사랑하고 볼 일이야. 아름다움은 탐하고 볼 일이야. 그것이 정원사의 길이지.'라는 생각을 하게 된다. 세상을 아름답게 만들자며 우리를

달리아

부르신 창조주 하나님의 초대에 응하는 길 가운데 참으로 바람직한 길이 정원사의 길이기 때문이다.

두레우물

가뭄으로 속이 바짝바짝 타들어갈 때면 나는 주님을 떠올리곤 한다. 예수님은 우물을 자처하시면서 이렇게 말씀하신다. "목마른 사람은 다 내게로 와서 마셔라."(요 7:37) 예수님은 어떤 우물이신가? 박우물인가? 아니면 두레우물인가? 예수님은 사마리아 여인에게 이렇게 말씀하신다. "내가 주는 물을 마시는 사람은 영원히 목마르지 아니할 것이다. 내가 주는 물은, 그 사람 속에서 영생에 이르게 하는 샘물이 될 것이다."(요 4:14) 예수님은 바가지로 물을 뜰 수 있는 얕은 우물이 아니라, 두레박으로 물을 긷는 깊은 우물이시다. 바가지로 찰박거리며 떠올린 물은 미지

백일홍

베고니아

근한 흙탕물이기 쉽고 그래서 물맛도 시원치 않고 뒷맛도 개운치 않은
반면, 두레박을 찰방찰방 깊고 깊은 곳에 던져 퍼 올린 물은 어찌나 시
원하고 뒷맛은 또 어찌나 개운하던지. 예수님은 바로 그런 두레우물이
시자, 하나님과 직결된 원천(源泉)이시다. 마이스터 에크하르트의 말대
로 "하나님은 아무도 가둘 수 없고, 아무도 멈출 수 없는 지하의 거대한
강"이시다. 우리는 그 원천의 물을 마셔야 한다. 17세기 폴란드의 신비
가이자 시인 앙겔루스 질레지우스는 우리가 그 물을 마셔야 하는 이유
를 이렇게 제시한다. "원천의 물은 맑고 깨끗하다. 이 물을 마시지 않는
사람은 위험에 처하고 만다."

예수님은 두레우물을 자처하시면서 사람을 찾으신다. 어떤 사람을 찾

오스테오스페르뭄

으시는가? 다름 아닌 목마른 사람이다. 존재의 환희, 창조적인 삶, 신바람 나는 삶, 어깨춤 덩실거리는 삶을 갈망하는 사람이다. 목마른 사람은 맑고 시원한 물을 찾아 나서게 마련이다. 하지만 젤랄렛딘 루미의 말대로 "목마른 사람만 물을 찾는 것이 아니다. 물도 목마른 사람을 찾는다." 물은 목마른 사람에게만 정갈하고 맛 좋은 물이 되고, 예수님이 말씀하신 대로, 의원은 건강한 사람에게는 쓸데없고 병든 사람에게만 쓸데 있기(막 2:17) 때문이다. 우리 계동의 큰끝에는 약수터가 자리해 있다. 계동 5인회가 세웠다는 그 약수터 표지판에는 이런 글귀가 한자로 쓰여 있다. "渴時一滴(갈시일적) 如甘露(여감로)." 명심보감에서 따온 글귀인데 풀어서 읽으면 이런 의미가 된다. "목마를 때 물 한 방울은 단 이슬과 같다."

예수님은 그 목마른 사람을 초대하고 계신다. 존재의 환희, 어깻바람

나는 삶을 갈망한다면, 예수님께로 나아가야 한다. 박우물이 도처에 자리한 채 갈증을 해소해주겠다고 유혹하더라도, 우리는 갈증의 진정한 해결자이신 예수님께로 나아가야 한다. 그분만이 "영원히 목마르지 않"게 하는 우물, 창조적인 삶을 가능케 하고, 환희와 기쁨을 생생히 맛보게 하는 두레우물이시기 때문이다.

가장 맞춤한 상태에 있으려면

　역사상 가장 짧은 장마를 뒤로하고, 연일 무더위와 열대야가 기승을 부리고 있다. 평년 여름 더위를 능가해서인지 무더위를 강조하는 말도 강도가 점점 세지는 것 같다. '폭염' '한증막 더위' '가마솥더위' '불볕더위' '불가마더위' 등등. 올여름 무더위는 한 달 이상 지속된단다. 기상청에서 제공한 전국 폭염 특보 상황을 보니, 서해안과 남해안 일부 지역은 연보라색, 그밖에 전 지역이 진보라 일색이다. 연보라는 '폭염주의보'를, 진보라는 '폭염경보'를 가리킨다고 한다. 전국이 가마솥처럼 끓고 있는 셈이다. "덥다, 더워! 뜨겁다, 정말 뜨거워!" 소리가 감탄사처럼 저절로 나온다. 가망 없는 바람이지만 이런 때에 열대 지역의 스콜(squall)처럼 시원한 소나기가 날마다 한 줄기씩 퍼부으면 좋겠다.

　연일 계속되는 불볕더위로 '비밀의 정원' 구석구석에 뿌리내린 식물들이 마르거나 타들어가고, 그 모습을 바라보는 정원사의 마음도 까맣게 타들어가는 요즘이다. 아무렇지도 않은 듯 손 놓고 있을 수가 없어서 말라 죽기 직전의 식물과 화분 식물에 우선적으로 물을 공급하지만,

부들레아

물을 언제 주었냐고 따져 묻듯 하루도 못 가서 흙이 바짝 마르고, 식물의 잎이 축축 까라지니, 밑 빠진 독에 물 붓기인 양 여간 속 타고 지치는 게 아니다. 아름다움을 사랑한 죗값을 톡톡히 치르는 것 같다. 그래도 해질녘만 되면 정원사는 정원으로 나선다. 당장 세상이 무너져도, 몸과 마음이 아무리 무거워도, 정원 일을 손 놓아선 안 되기 때문이고, 이 세상이 낭비로 여기는 아름다움을 사랑하는 것, 그것이 진정한 정원사의 길이기 때문이다.

　요즘 나는 정원에 나갈 때마다 브루더호프(Bruderhof) 공동체의 설립자 에버하르트 아놀드의 글귀를 읊조리곤 한다.

　하나님은 성령, 곧 창조의 영으로서 자연을 조성하시고, 구원의 영으로서는 자기 자녀들에게 대지의 과업과 대지의 유업을 맡기시어 그들의 정원을 하나님의 정원으로 만들게 하셨다.

-『공동체로 사는 이유』, 비아토르, 77쪽

설악초

그럴 때면 나는 '하나님, 정원사의 모습으로 부활하신 그리스도를 본받고 싶습니다. 나의 이 수고와 땀방울을 수석 정원사이신 그리스도께 바치는 성실한 봉사로 여겨주십시오.' 하고 마음속으로 기도한다.

쓰러진 화초를 버팀대로 세워주기도 하고, 지심도 제거하고, 가지치기도 하고, 누렇게 변색한 잎도 따주고, 퇴색한 꽃송어리도 정리한다. 그러다 해가 서산으로 완전히 넘어가면 몇 시간가량 물을 준다. 정원사의 손길을 기다리던 꽃들이 말쑥한 모습으로 바뀌는 것을 볼라치면, 무더위에 지쳐 흐트러지던 정원사의 마음도 다시 곧추 선다. 물을 흠뻑 받은 밭이라도 된 듯 영혼이 힘을 얻는다. 마이스터 에크하르트는 인간의 영혼이 밭이라고 말한다.(Matthew Fox & Rupert Sheldrake, 『Natural Grace』, Image Books, p5) 뭇 생명을 끌어당겨 무성히 자라게 하는 밭! 나는 나의 내면이 그런 밭이 되기를 바란다.

정원사의 손길이 닿을 때마다 더욱 선명한 빛깔의 꽃등을 내걸고 주위를, 정원사의 마음을 환하게 밝히는 꽃들을 보면서 포도원 농부(요 15:1)이신 하나님의 손길을 떠올린다. 가지가 포도나무에 붙어 포도나무와 살아 있는 관계를 유지할 때, 더 많은 열매를 맺게 하시는 농부 하나님의 손길! 꽃들에게 정원사의 손길이 필요하듯이, 영혼이라는 이름의 밭에는 하나님의 손길이 긴절하다. 하나님의 손길에 감촉될 때에만 사람은 가장 맞춤한 상태에 있을 수 있고, '비밀의 정원'에 핀 꽃들처럼 창조주 하나님이 품부해주신 자기만의 광채와 아름다움을 분출하며 삶터를 환히 밝힐 수 있기 때문이다. 부디 그 손길이 나에게 무시로 닿기를! 아니, 그 손길이 나를 늘 어루만지고 있음을 내가 잊지 않기를! 그래서 지치지 않고 아름다움을 사랑하게 되기를!

두란타

에로스의 회복

에로틱한 하나님

무더위와 열대야의 연속인 요즘이지만, 그래도 이따금 저녁 무렵에 서늘한 동풍이 불어오면, 무더위에 지쳐 축축 까라지던 마음이 조금은 일어서는 것 같다. 엊그제 저녁에도 그런 바람이 불어왔다. 아침저녁으로 반복하는 물주기를 하고 있는데, 때마침 바다에서 불어오는 바람을 따라 바늘꽃이라 불리는 홍접초(紅蝶草)가 이리 기웃 저리 기웃 하면서 하느작하느작 춤을 추는 모습이 눈에 들어왔다. 그 모습이 더없이 경쾌해 보였다. 꽃 이름 그대로 붉은 나비들이 일제히 가벼운 날갯짓을 하며 팔랑팔랑 날아다니는 것 같았다. 정원사의 시선은 자연스레 이웃집 옥수수 밭으로 이어졌다. 옥수수의 하얀 꽃대들도 바람을 따라 일제히 이리 끄덕 저리 끄덕 인사했다. 그 인사를 받은 산자락의 대숲도 일제히 수런수런 몸을 흔들다가 기어이 이리 휘청 저리 휘청 큰 몸짓으로 춤을 추기 시작했다. 피조물 형제자매들이 펼치는 춤사위를 한동안 넋 놓고 바라보면서, 나는 강렬한 입맞춤으로 피조물을 간질이시며 춤추게 하시

는 하나님을 떠올렸다. 힐데가르트 폰 빙엔은 "바닥을 알 수 없는 곳에서부터 높이 떠 있는 별들에 이르기까지 모두에게 넘쳐흐르고 모두에게 애정을 품는 가없는 사랑, 그것은 왕이 하는 평화의 입맞춤입니다."라고 노래했는데(『Meditations with Hildegard of Bingen』, p52), 엊그제 '비밀의 정원'과 들녘에 자리한 피조물들의 모습이 영락없이 이 왕의 입맞춤, 평화의 입맞춤을 받은 모습이었다. 창조주 하나님과 피조물의 에로틱한 관계를 엿본 것이다. 뜨거운 입맞춤으로 피조물을 달아오르게 하시고, 피조물을 춤추게 하시는 하나님은 정녕 에로틱한 하나님, 만물에 에로스(Eros)를 펼치는 하나님이심을 확인한 것만 같아, 내 마음도 어쩔 줄 모르고 갈 데 없이 달아올랐다.

하나님은 정말 에로틱한 분이시다. 다윗은 시편 34:8에서 우리에게 이렇게 촉구한다. "너희 입을 벌려 맛보고, 너희 눈을 떠서 보아라. 하나님이 얼마나 좋은 분이신지."(『메시지』) 나는 미각과 시각을 동원한 이 촉구를 에로틱한 하나님을 맛보아 알라는 당부로 읽는다. 마그데부르크의 메히틸트는 하나님이 자기에게 이렇게 말씀하셨다고 전한다.

내가 빛을 내면 너는 달아오르고,

내가 넘쳐흐르면 너는 촉촉하게 젖는다.

네가 사모하면 나의 거룩한 마음이 네 속에 들어갈 것이고,

네가 나를 그리워하여 눈물지으면 나는 두 팔로 너를 안아주리라.

네가 사랑하면 우리 둘은 하나가 될 것이고,

우리 둘이 하나가 되면 결코 갈라지지 않을 것이다.

단풍잎촉규화

우리 둘 사이에는 더할 나위 없는 행복이 끝없이 이어질 것이다.

- 『The Flowing Light of the Godhead』, Paulist Press, p76

에로틱한 하나님, 하나님의 에로스를 시적으로 표현한 절창이다. 에로틱한 하나님은 놀고 기뻐하고 낳고 축제를 벌이고 열정을 느끼는 분이시다. 신앙생활의 알짬은 이 에로틱한 하나님을 맛보아 아는 것이다. 하나님의 에로스는 지금도 만물에 고루고루 미치고 있다.(마 5:45) 하나님은 이 세상 그 무엇보다도, 그 누구보다도 에로틱하시다. 우리가 에로틱한 하나님을 신뢰하고 사랑하기만 한다면, 그분의 입술은 언제든지 우리의 입술에 닿을 것이고, 우리는 한껏 달아올라 기쁨의 춤사위를 펼치며 축제를 벌이게 될 것이다.

에로스를 밀어내는 사회 한복판에서

에로스는 무엇을 의미하는가? 영성신학자 매튜 폭스는 에로스를 이렇게 정의한다. "에로스는 가까이 다가가서(nearness) 느끼고(feeling) 보살피고(care) 친교 맺는 것(intimacy)을 의미한다."(『Original Blessing』, Jeremy P. Tarcher/Putnam, p288) 매튜 폭스의 뜻매김은 에로스를 인간의 성애(性愛)에 국한시켜 이해하려고 하는 모든 시도를 단호히 거부하고, 부당하게 좁혀진 에로스의 외연을 무한히 넓힌 것이라고 할 수 있다. 에로스를 상실한 채 가까이 다가가기, 느끼기, 보살피기, 친교 맺기를 거부하는 사람은 무력감과 권태에 빠질 수밖에 없고, 그것을 해소하기 위해 뒤틀린 사랑을 좇게 마련이다. 매사를 경쟁구도로 보고, 전쟁을 일으켜 상대를 참살

연화바위솔

하고, 전쟁 게임을 제조·판매하여 막대한 이익을 챙기고, 하나님의 입맞춤이 닿아 있는 생태계를 파괴하고, 심각한 얼굴과 고압적인 자세로 상대를 밀어내는 자들의 사회는 에로스를 상실한 사회다. 이처럼 에로스를 본래의 자리에서 어두컴컴한 구석으로 몰아낸 사회에서 산다는 것은 실로 끔찍한 일이 아닐 수 없다.

예수님이 활동하시던 시대의 유대 사회도 오늘날의 사회와 별반 다르지 않았다. 가까이 다가가 느끼고 보살피고 친교를 맺기는커녕 오히려 예루살렘 성전 체제, 헤롯의 독재 체제, 로마의 제국주의 체제를 통해 다수의 민중을 죄인으로 낙인찍어 공동체의 울타리 밖으로 밀어내는 사회였기 때문이다.

에로스를 상실한 사회를 고착화하는 데 충실히 복무하던 바리새파 사람이 떠오른다. 바리새파(φαρισαιος)는 "분리된, 구별된"이란 뜻의 아람어 낱말을 음역한 것이다. 그들은 거룩함을 수호한다는 명목으로 분리와 구별, 배제와 추방을 일삼는 자들이었다. 국세와 제국세의 강제 징수 때문에 종교세(성전세, 십일조, 성전예물)를 내지 못하는 사람들, 율법을 지키지 않는 사람들, 매춘여성이나 하급 세리처럼 사회적 인정을 받지 못하는 직업인들, 병자들을 죄인으로 낙인찍고, 그들에게 시민권과 종교권의 박탈이라는 제재를 가한 것이다. 그들이 죄인들에게 가한 사회적이고 종교적인 추방의 주된 수단은 죄인들과의 식탁 친교를 거절하는 것이었다. 마커스 보그가 말한 대로, 어떤 사람과 음식을 같이 나누는 것은 받아들임을 의미하고, 음식 나누기를 거절하는 것은 배척을 상징했다.(『예수 새로 보기』, 한국신학연구소, 128쪽).

이렇게 분리와 구별로 배제와 추방을 일삼던 바리새파 사람이 예수님

풍접초

을 자기의 식탁에 초대했다.(눅 7:36-50) 예수님을 예언자로 여기고 한 초
대였다. 그리고 이 식사자리에서 도저히 일어날 법하지 않은 일이 일어
났다. 죄인 ― 창녀(유진 피터슨의 표현) ― 으로서 바리새파 사람의 식탁에
있어선 안 될 한 여자가, 향유가 담긴 옥합을 가지고 와서, 예수님의 등
뒤로 다가가 발 곁에 서더니, 울면서 눈물로 그분의 발을 적시고, 머리카
락으로 닦고, 그 발에 입을 맞추고, 향유를 바른 것이다. 죄인으로 낙인
찍혀 배척받던 한 여인이 추방된 에로스를 생생히 되살려낸 것이다. 실
로 충격적인 사건이 아닐 수 없다. 분리와 구별, 배제와 축출이 횡행하는
사회 한가운데서 에로스의 구성요소인 가까이 다가가기, 온몸으로 느끼
기, 마음을 다해 보살피기, 친교 맺기를 온전히 구현하고 있는 것이다.

에로스의 회복이 절실하다

제 버릇 남 못 준다는 속담대로, 바리새파 사람은 이것을 보고, 몸에
밴 습관을 따라 분리와 구별을 수행하며 마음속으로 말한다. "이 사람이
예언자라면, 자기를 만지는 저 여자가 누구며, 어떠한 여자인지 알았을
터인데! 저 여자는 죄인인데!"(눅 7:39) 하지만 예수님은 그의 마음속 생
각을 아시고 이렇게 말씀하신다. "너는 이 여자를 보고 있느냐? 내가 네
집에 들어왔을 때, 너는 내게 발 씻을 물도 주지 않았다. 그러나 이 여자
는 눈물로 나의 발을 적시고, 자기 머리카락으로 닦았다. 너는 내게 입
을 맞추지 않았으나, 이 여자는 들어와서부터 줄곧 내 발에 입을 맞추었
다. 너는 내 머리에 기름을 발라 주지 않았으나, 이 여자는 내 발에 향유
를 발랐다. 그러므로 내가 네게 말하거니와 이 여자는 그 많은 죄를 용

초화화

서받았다. 그가 많이 사랑하였기 때문이다."(눅 7:44-47) 이 말씀을 어떻게 읽어야 할까? 이 말씀은 에로스의 회복을 촉구하는 말씀이 아닐까? 이를테면 이렇게 읽는 거다. "너는 심리적으로, 영적으로 야위어가고 있는데, 이는 네게 진정한 에로스가 없기 때문이야. 너는 가까이 다가가기를 주저하고, 접촉을 회피하고, 느끼기를 두려워하고, 돌봄과 보살핌, 친밀한 사귐을 성가신 것으로 여기고, 도리어 분리와 구별, 배제와 축출을 일삼는구나. 하지만 에로스의 상실은 영적 나병이나 다름없단다. 무감각이 지배하는 병이지. 그러니 속히 에로스를 회복하여라. 나를 모시려면, 이 여자처럼 사무치는 열정, 즉 에로스를 갖추어야 해."

예수님이 촉구하시는 에로스의 회복은 치유와 통하게 마련이다. 예수님은 에로스를 펼친 여인이 많은 죄를 용서받았다고 말씀하신다. 에로스야말로 사람의 마음을 움직이고, 사람을 변화시키고, 사람들의 삶에 치유와 구원, 기쁨과 웃음, 축제와 환희를 몰고 오기 때문이다.

예수님은 우리에게 분리와 구별로 누군가를 밀어내고 배제하는 삶, 그리하여 무력감과 권태에 빠지는 삶에서 벗어나라고 촉구하신다. 예수님은 어둡고 캄캄한 구석으로 유배되어 왜곡된 에로스를 우리네 일상의 삶으로 되찾아오라고, 에로스에게 본래의 의미를 되찾아주라고 촉구하신다.

에로스 살기

그러면 에로스를 회복한 사람은 어찌 살아야 하는가? 언젠가 마더 테레사의 강연과 연설과 논평을 모아 엮은『아름다운 영혼 행복한 미소』를 우리말로 옮기면서 발견한 사실이 하나 있다. 이를테면 마더 테레사야말로 우리 시대에 에로스의 화신으로 살다간 분이라는 거다. 그는 빵 한 조각뿐 아니라 사랑에 굶주린 가난한 사람들, 버림받았다는 느낌으로 울먹이는 사람들, 외로이 죽음을 기다리는 사람들에게 가까이 다가가 그들의 고통을 절절이 느끼고, 그들의 눈물과 상처를 닦아주고, 그들의 상한 마음을 어루만지면서 예수를 만지고 있다고 굳게 믿었던 분이다. 그의 하루일과와 생애를 굴린 바퀴는 접촉이라는 바퀴였다. 그는 또 하나의 책에서 이렇게 말한다. "우리는 하루 종일 가난한 사람들과 나환자들 속에서 슬픈 모습을 하고 계신 예수와 접촉하고, 날이 저물면 성소에서 기도로 그분과 다시 접촉합니다."(『즐거운 마음』, 오늘의책, 265쪽). 그는 우리가 접촉을 통해서만 영적 무감각증을 벗어날 수 있고, 접촉을 통해서만 우리가 우주 안에서 혼자가 아니며 외딴섬이 아님을 깨달을 수 있다고 말하고 있는 것이다. 이 점에서 그는 현대세계에서 그리스도와 가장 직접적인 에로스를 나눈 장본인, 우리 모두가 본받아야 할 에로틱한 삶의 모범이라고 할 수 있다.

　누군가에게 전해 들어서는 에로스를 회복할 수 없다. 에로스는 간접을 요구하지 않는다. 에로스는 언제나 직접을 요구한다. 에로틱한 삶은 가까이 다가가는 발, 어루만지는 손, 깊이 느끼는 감각, 친절을 베푸는 마음, 사람들의 마음속에 환한 꽃을 피워 올리는 미소 등으로 이루어진

플록스

다. 마음을 담은 편지, 온기가 실린 따스한 커피 한 잔, 힘을 북돋워주는 위로의 말 한마디, 상대를 부드럽게 끌어당기는 눈길, 짐을 맞들어주는 손길 등도 에로틱한 삶의 중요한 구성요소일 것이다.

에로스를 회복하고 살아내는 것은 먼데서 이루어지는 것이 아니다. 그것은 우리의 가장 가까운 곳에서부터 시작되어야 한다. 그 가까운 곳이 가정이든, 일터이든, 이웃이든, 사회이든, 자연이든 간에, 그 가까운 곳에서 우리는 에로스를 회복하고 살아내야 한다. 우리가 가까이 다가가고, 깊이 느끼고, 보살피고, 친교 맺는 에로스의 길을 걸어간다면, 우리는 가는 곳마다 치유와 구원, 웃음과 기쁨, 축제와 환희를 몰고 다니는 에로틱한 사람이 될 것이다.

4장

가을

새롭게, 낯설게, 특별하게
열려 있으면 힘이 된다
꽃들은 서로 스며든다
잃어버린 언어를 찾아서
사는 게 참 꽃 같아야

새롭게, 낯설게, 특별하게

가을의 길목에서

폭염과 폭서의 의미를 생생히 새긴 여름이었다. 暴炎(폭염)의 '暴(폭)'은 '사나움'을 뜻하고, '炎'은 '불 火'자가 두 개나 겹쳐서 '활활 불타오름'을 의미한다. 暴暑(폭서)의 '暑(서)'는 '해 日'자와 '사람 者'자의 합자로서 사람이 이글거리는 태양을 머리에 이고 있는 것을 의미한다. 모든 것을 살라버릴 듯 불가마더위가 맹위를 떨칠 때, 정원사는 그만 녹초가 되고 말았다. 산천이 타들어가는 상황에서 '비밀의 정원'에 심긴 초록 요정들을 살리려고 거의 달포 동안 아침저녁으로 물을 주느라, 말라가는 지하수와 씨름하느라 기진하고 만 것이다. 정말 진저리가 나도록 끈덕진 무더위와 가뭄이었다. 폭염과 폭서가 어찌나 지긋지긋했던지, 한 시인은 SNS에 다음과 같은 내용의 편지를 올려놓기도 했다.

떠날 준비에 여념이 없으실 여름님이여, 이곳에 더 이상 미련이나 집착 두지 마시고 훌쩍 떠나세요. 당신은 원 없이 당신의 모난 감정을

이 땅에 퍼부었습니다. 연일 당신의 그 잘난 비위 맞추느라 우리는 녹초가 되었답니다. 물론 당신 덕으로 오곡백과는 무르익어 두어 달 후엔 알찬 결실을 맺을 것입니다. 그것은 그때 가서 따로 감사의 예를 올릴 것이오니 지금은 당장 뒤도 돌아보지 마시고 임기 마친 관료처럼 떠나십시오. 사는 일에 지친 사람들 몸에 마음에 그만 화기를 불어넣으시고 절기의 본분을 지켜주시기 바랍니다. 여름님이시여, 명년엔 순한 성정으로 돌아오시길 간구하며 이만 총총!(이재무)

시인의 간구에 더해진 정원사의 간구가 통했는지, 반백 날 가까이 맹위를 떨치며 한반도를 뜨겁게 달구던 가마솥더위와, 사람을 한없이 무기력하게 하던 열대야의 여름철이 바야흐로 물러가고 있다. 아침저녁으로는 바람도 제법 선선하게 불어서, 절기가 가을의 길목에 접어든 것 같고, 활동하기도 한결 수월해졌다. 게다가 자나 깨나 기다리던 비까지, 그것도 넘치도록 내렸다. 타들어가는 농심과 정원사의 마음이 시원하게 되었으니, 이제는 말라 죽어가던 밭작물과 '비밀의 정원' 식구들도 기운을 차려서 다시 "푸른 고집"(이재무)을 힘차게 부렸으면 좋겠다.

풀벌레소리의 전언

땅거미가 내려앉고 어둑어둑해져 아내와 함께 '비밀의 정원' 식구들에게 물주기를 마칠 즈음 무심코 하늘을 쳐다보았다. 별이 어찌나 많던지, 밤하늘이 그야말로 별밭(compostela)이었다. 무수한 별들이 남녘 바다와 '비밀의 정원'으로 쏟아질 듯 바짝 내려와 명멸하며 빛을 뿌리고 있

밀잠자리붙이   부전나비   배치레잠자리

었다. "계절이 지나가는 하늘에는 / 가을로 가득 차 있습니다. / 나는 아무 걱정도 없이 / 가을 속의 별들을 다 헤일 듯합니다."라는 윤동주 시인의 시구가 저절로 떠올랐다. 별밭의 모습이 보기 좋아, 한동안 아내와 함께 피크닉 테이블에 앉아 밤하늘을 우러러 보았다. 시인처럼 "별 하나에 추억과 / 별 하나에 사랑과 / 별 하나에 쓸쓸함과 / 별 하나에 동경과 / 별 하나에 시와 / 별 하나에 어머니, 어머니 // … 별 하나에 아름다운 말 한마디씩" 불러보는데, 더위와 손님맞이에 지쳐 희부옇던 마음이 맑아지고 밝아지고 고요해졌다.

그런데 그렇게 고요해진 마음을 갈데없이 깊어지게 하는 것이 있었다. 얼마 전부터 밤만 되면 귓속으로 우렁차게 파고드는 풀벌레소리였다. '비밀의 정원' 구석구석, 텃밭과 풀숲 할 것 없이 여기저기서 베짱이붙이, 여치, 쌕새기, 귀뚜라미, 방울벌레, 먹종다리, 철써기 등 온갖 풀벌레가 울음통을 터뜨려 소리를 주거니 받거니 했다. 별밭의 별들을 바싹 끌어내리며 '비밀의 정원'을 더없이 그윽하게 하는 풀벌레소리를 아무 저항 없이 받아들이니 마음속이 명랑해졌다. TV 소리 같은 기계음은 도저히 만들어내지 못할 명랑함이었다. 여름을 밀어내고 선선한 가을을

고추잠자리   아시아실잠자리

끌어당기는 풀벌레소리, 서로 놓았다 잡아당겼다 하면서 경쾌하게 울리는 소리를 마음속에 들이면, 아무리 무감각한 사람도 명랑해지지 않고는 배기지 못하리라. 김기택 시인의 「풀벌레들의 작은 귀를 생각함」이란 시가 생각난다.

> 텔레비전을 끄자
> 풀벌레소리
> 어둠과 함께 방 안 가득 들어온다
> 어둠 속에서 들으니 벌레 소리들 환하다
> 별빛이 묻어 더 낭랑하다
> …
> 브라운관이 뿜어낸 현란한 빛이
> 내 눈과 귀를 두껍게 채우는 동안
> 그 울음소리들은 수없이 나에게 왔다가
> 너무 단단한 벽에 놀라 되돌아갔을 것이다
> 하루살이들처럼 전등에 부딪쳤다가

바닥에 새까맣게 떨어졌을 것이다

크게 밤공기 들이쉬니

허파 속으로 그 소리들이 들어온다

허파도 별빛이 묻어 조금은 환해진다

별빛이 묻은 풀벌레소리를 들여앉히면 허파까지 환해진다니 참 좋다. 흔히들 이맘때 들리는 풀벌레소리를 가을의 첨병이라고 하지만, 내게는 그 소리가 계절의 변화를 알리는 전령사 그 이상으로 여겨진다. 만물의 가슴팍에는 하나님의 말씀이 새겨져 있고, 모든 피조물은 하나님의 의사전달이자 하나님의 메아리이기 때문이다.

가슴을 툭툭 치며 다가드는 풀벌레소리는 풀벌레 자신의 존재에 대한 놀람의 표현이자, 풀벌레 자신을 빚어낸 창조주의 솜씨를 목청껏 기리는 찬미가 아닐까? "내가 있다는 놀라움, 하신 일의 놀라움, 이 모든 신비들, 그저 당신께 감사합니다."(시 139:14, 공동번역)라는 시편 작가의 노래가 그 찬미의 내용이 아닐까? 힐데가르트 폰 빙엔은 피조물을 가리켜 하나님께 드리는 찬미의 노래라고 말한다.

> 불은 자신의 불꽃으로 하나님을 찬양하지요. 바람은 그 불꽃을 불어 하나님을 찬양하지요. 바람 소리에서 우리는 하나님을 찬양하는 말을 듣지요. 우리가 들었던 그 말이 하나님을 찬양하지요. 이처럼 모든 피조물은 하나님께 드리는 찬미의 노래이지요.
>
> – Matthew Fox, 『Original Blessing』, Jeremy P. Tarcher/Putnam, p69에서 재인용

밤이면 밤마다 마당으로 나가 숨결을 고요하게 하고 풀벌레소리를 귀 담아 들어본다. 그러면 풀벌레소리는 내 마음의 귀에 대고 이런 말을 속 삭인다. "모든 순간이 은총의 순간이니, 부디 은총을 알아보는 감각과 놀 람과 감사와 찬미를 생생히 유지하며 사세요."

은총을 알아보는 감각과 놀람과 감사와 찬미! 이것들을 잃어버리면, 삶은 도리 없이 혼탁해지고 만다. 자신을 에워싼 모든 것이 진부한 것 이 되어버리고, 주위의 모든 것이 부예진다. 곱이 잔뜩 낀 눈처럼 삶과 사람과 사물을 새롭게 보지 못하고, 그 무엇에도 별다른 감흥을 느끼지 못하며, 매사에 시큰둥한 상태가 되는 거다. 그런 사람에게 어찌 하나님 이 보금자리를 치시겠는가? 이처럼 눈에 곱이 끼고, 마음이 부옇게 되

상사화

어, 하나님을 놓쳐버렸을 때, 우리는 어찌해야 하는가? 마이스터 에크하르트는 이렇게 말한다.

　　마음의 감각은 이따금 하나님을 놓쳐버린 채, 하나님이 사라지셨다고 잘못 생각하는 수가 있습니다. 그때 여러분은 어찌하시겠습니까? 가장 큰 위안이 되는 자리에 있을 때 했으면 하던 그 일을 쓰라린 고통의 자리에 있을 때에도 하십시오. 마치 큰 위안을 받는 자리에 있다는 듯이 처신하십시오. 나는 하나님을 놓쳐버린 자리에서 하나님을 찾으라는 조언밖에는 달리 드릴 말씀이 없습니다. 여러분이 하나님을 놓쳐버렸다면, 하나님을 마지막으로 소유했을 때 하던 것과 똑같이 하십시오. 그러면 여러분은 하나님을 발견하게 될 것입니다.

– 「Reden der Unterweisung」, 『Deutsche Werke V』,

W. Kohlhammer Verlag, S. 515

새롭게, 낯설게, 특별하게

　　예수님은 누가복음 11:33-36에서 은총을 알아보는 감각과 놀람과 감사와 찬미를 생생히 유지하며 살 수 있는 비결을 두 가지로 제시하신다. 먼저는 눈을 성한(ἁπλοῦς) 상태, 곧 온전한 상태로 유지하는 것이다.(34절) 눈을 성한 상태로 유지한다는 것은 무슨 뜻일까? "성한 눈"은 어떤 것도 당연하게 보지 않고, 모든 것을 새롭게, 낯설게, 특별하게 보는 안목을 의미한다. 이 세상에 당연한 것은 하나도 없다. 놀람과 감탄으로 마주하며 새롭게 보고, 낯설게 보고, 특별하게 보아야 할 대상이 있을 뿐이다.

호랑나비와 상사화

낡고 진부한 것은 없다. 그것을 마주하는 안목이 낡고 진부할 뿐이다. 시인 나태주는 성한 상태의 안목을 인상적으로 표현한다. "자세히 보아야 예쁘다 / 오래 보아야 사랑스럽다 / 너도 그렇다."(「풀꽃」 전문) 누구를 보든, 무엇을 보든, 자세히 보면 예쁜 구석도 있고, 오래 보면 사랑스러운 구석도 있게 마련이다.

그 다음은 내면의 빛이 어둡지 않은지 살펴보는 것이다.(35절) 내면의 빛은 영적 통찰력을, 그것이 어둡지 않은지 살펴보는 것은 영적 성찰을 의미할 것이다. 영적 통찰력은 낡고 진부해 보이는 것에서 새로움, 낯섦, 별스러움을 보아내는 능력이다. 달리 말하면 "사물들과의 거룩한 접촉을 통해 그것들 속에 갇혀 있는 거룩한 실재를"(마르틴 부버, 『하시디즘과 현

금관화와 호랑나비

대인』) 알아보고, 마주하는 모든 것에서 하나님의 선물을 보아내고, 모든 순간이 꽃봉오리이자(정현종) 은총의 순간임을 알아차리는 것이다. 이 능력을 생생히 유지하는 데 필요한 것이 영적 성찰이다. 영적 성찰은 통찰력이 흐려지고 약해지진 않았는지 살피는 것으로서, 하나님이 사방팔방 날려 보내시는 은총의 빛살을 돋보기처럼 한곳에 모으는 행위다. T. S. 엘리엇은 "빛은 회전하는 세계의 고요한 정점에 머문다."고 했다. 영적 성찰이야말로 휘도는 세계의 고요한 정점, 예수님이 기도처로 제시하신 골방(마 6:6)이다. 토마스 아 켐피스는 『그리스도를 본받아』에서 이렇게 말한다. "그대의 골방을 성실히 지켜라. 그러면 그 골방이 그대를 지켜 주리라!"(Custodi diligenter cellam tuam, et custodiet te!)

그러면 예수님이 말씀하신 "온 몸"(36절)은 어떻게 읽어야 하는가? 몸을 움직여 영위하는 생활 전체로 읽어도 무방할 것이다. 모든 것을 새롭게, 낯설게, 특별하게 보는 안목을 온전히 유지하고, "사물들과의 거룩한 접촉을 통해 그것들 속에 갇혀 있는 거룩한 실재를" 알아보는 능력을 생생히 갈무리하면서 영위하는 삶은 당연히 밝을 수밖에 없을 것이다.

가을의 길목에서 듣는 풀벌레소리는 나에게 필요한 것이 바로 은총을 알아보는 안목과 놀람과 감사와 찬미임을 일깨운다. 밤새도록 살아있음의 환희를 노래하는 저 풀벌레들은 말한다. 모든 것을 새롭게, 낯설게, 특별하게 보는 안목을 온전히 유지하고, 모든 것에서 새로움, 낯섦, 특별함을 보아내는 영적 통찰력을 생생히 갈무리하여, 놀람과 감탄으로 존재의 환희를 노래하라고.

열려 있으면 힘이 된다

성지 순례를 앞두고

10월 9일부터 17일까지 지방회에서 기획한 성지 순례 일정이 잡혀 있어서 더없이 바쁜 나날을 보냈다. 순례 길에 오르기 전에 정원 손질을 마무리하고 싶었기 때문이다. 봄꽃과 여름꽃이 피었다 져서 추레해진 구역을 말끔히 정리하고, 무성히 자란 정원수들의 가지도 쳐주고, 한창 씨앗 맺기에 열중하고 있는 지심들도 제거하고, 가을 구근들을 식재할 자리까지 확보하느라 두어 주 동안 날마다 정원에서 족히 네다섯 시간을 보냈다. 정원 정리가 얼추 끝났으니, 이제는 며칠 동안 순례를 준비하는 일만 남았다 싶었는데, 그게 아니었다. 조만간 정원사 부부가 순례 길에 오를 텐데, '비밀의 정원'은 누가 돌보려나? 저 많은 꽃들에게 누가 물을 주려나? 여간 걱정되는 게 아니었다. 고심 끝에 교우들에게 1일 정원사 역할을 맡겼다. 하루에 한두 가정씩 돌아가면서 꽃들에게 물을 공급해 달라면서. 고맙게도 온 교우가 흔쾌히 수락해주었다.

나는 두 번째 맞는 순례여서 무덤덤하지만, 아내는 처음 맞는 순례여

금목서

서 사뭇 들뜬 상태다. 그런 아내 덕에 외적 준비는 어느 정도 마친 듯하다. 이제는 내적 준비를 할 차례. 이번 순례에는 어떤 자세로 임할 것인가? 마음속 배낭에 세 가지만 담아가련다. 첫째는 어느 것이든 잘 받아들이려는 열린 자세다. 사물이든, 사람이든, 상황이든, 순례 길에 마주하는 모든 것을 하나님의 선물로 여겨 끌어안는 것이다. 마이스터 에크하르트는 순례 길에 오른 이들에게 이렇게 권면한다. "그대의 앞길로 들어오는 모든 것을 참된 겸손과 사심 없는 마음으로 온화하게 마주하십시오." 순례 길은 온화한 수용성의 길이다.

둘째는 매순간 마주하는 모든 것에서 하나님을 알아보는 눈이다. 달리 말하면 매순간 하나님을 첫 자리에(Primero Dios!) 모시는 것이다. 에크하르트는 그런 순례자를 위해 이렇게 말한다. "하나님은 만물과 모든 장소에 똑같이 계시고, 모든 상황에서 자신을 똑같이 내어주시는 분이다. 하나님을 가장 잘 아는 사람은 하나님을 어디서나 똑같이 알아보는 사람이다." 아무리 하찮아 보여도 이 세상에 있는 것은 무엇이나 진심으로 하나님을 찾는 사람에게 하나님이 자신을 보여주시는 통로가 될 수 있다.

셋째는 감사다. 음식과 잠자리가 어떠하든, 어떤 사람을 마주하든, 순례 길에 오른 사람으로서 항시 감사하는 거다. 스페인 사람들의 격언을 기억해야겠다. "관광객은 요구하고, 순례자는 감사한다."(Turistas manden; peregrinos agradecen.) 마이스터 에크하르트는 이렇게 말한다. "그대가 일생토록 바치는 기도가 '감사합니다.'라는 한마디뿐이어도, 그것으로 족하다." 순례 길은 감사를 담은 덕담(benediction)으로 우정과 환대의 공간을 여는 길이고, "하나님, 감사합니다." 하고 말하는 기도는 그야말로 우리의 가장 깊이 있는 기도라고 할 수 있다. 감사는 어느 누구도 하나님이 주시지 않은 것을 받을 수 없음을 인정하는 것과 같다. 우리에게 주어지는 것, 우리에게 닥치는 것은 모두 하나님이 뜻하셔서 다가오는 선물이다. 우리에게 닥치는 것이 고통과 슬픔이라고 해도, 우리가 그것을 "하나님, 감사합니다."라는 인사와 함께 받아들인다면, 그것은 우리의 앞길로 뛰어드는 하나님의 선물이 될 수밖에 없다.

이 세 가지를 마음 주머니에서 수시로 꺼내 읊조리며 순례 길을 조심스럽게 걷다가, 맑고 밝고 고요한 상태의 정원사가 되어 돌아오련다.

열려 있으면 힘이 된다

가을 초입부터 늦가을까지 해거름만 되면, "바가지꽃 하이얀 지붕"(백

꼬리박각시와 란타나

석)이 있는 것도 아닌데, 붕붕 힘찬 날갯짓으로 '비밀의 정원'을 정신없이 쏘다니는 친구들이 있다. 땅거미가 내려앉을 무렵, '비밀의 정원' 식구들에게 물을 주다보면 자연스레 만나게 되는 친구들! 정지 비행의 고수라는 별명도 갖고 있다. 잘 모르는 이들은 벌새로 오인하지만, 정확한 명칭은 박각시라는 나방이다. 영어권에서는 그들을 벌새나방(hummingbird moth)으로 부르기도 한다. 꽃들에게 물주기를 멈추고, 박각시들의 행동을 유심히 관찰한다. 그들은 꽃이란 꽃은 거의 다 찾아가서 들락거린다. 선파첸스, 분꽃, 금관화, 플록스, 메리골드, 히비스커스, 란타나, 페튜니아, 서피니아, 두란타, 부들레아 등등. 그들이 꽃들을 찾아 들락거리는 것은 저녁식사를 하려는 것이다. 박각시는 취식기관인 구문(口吻)으로 꽃속의 꿀을 빨아먹는다. 그런 까닭에 빼먹거나 놓치거나 건너뛰는 꽃이

딱새와 히비스커스

없다. 그런데 가만히 보면 꽃들도 애타게 기다렸다는 듯 활짝 열린 채 그들을 흔연히 맞아들인다. 낮에는 벌과 나비에게 먹히고, 어둑한 저녁에는 박각시에게 먹히는 처지인데도 귀찮거나 싫은 내색을 조금도 내비치지 않는다. 거부의 몸짓을 조금도 드러내지 않는다. 박각시들이 꽃가루받이를 해주기 때문이다. 박각시들의 뜨거운 방문과 꽃들의 화끈한 자기 개방! 그야말로 무사통과요, 막힘없는 소통이다. 불통과 단절을 예삿일로 여기는 인간세상, 국가와 국가가 주고받는 살벌한 말 폭탄과는 전혀 다른 소통이다. 마음 문을 꼭꼭 닫아건 채, 상대방에게 자기 뜻을 우격으로 관철시키려고 하는 것이 얼마나 잘못된 것인지를, 꽃들과 박각시들은 누가 봐도 흐뭇한 상호의존의 모습으로 지적한다.

　정원사는 꽃들과 박각시들의 그럴싸한 지적에 고개를 주억거리며, 꽃들을 찬찬히 들여다본다. 하나같이 열려 있지 않은 꽃이 없다. 땅에 떨

어진 꽃조차 열려 있다. 떨어져도 열린 채로 떨어진다. 그러면서 그들
은 말한다.

꽃이고 싶은가요
닫혀 있지 말아요
열려 있어야 해요
꽃은 다 그래요

벌 나비 새에게 힘이 되는
열매이고 싶은가요

부전나비와 아게라텀

열려 있으면 열려요

열매는

꽃 속에 있어요

열려 있음이 곧 꽃이라는 그들의 가르침이 참 크고 깊다. 나무든, 풀꽃이든, 세상의 모든 식물은 생의 목표를 오로지 열려 있음에 둔다. 닫혀 있음은 그들에게 죽음과 마찬가지다. 벌과 나비, 박각시와 새(직박구리, 딱새), 그리고 사람까지 그들을 찾는 것은, 그들이 활짝 열려 있기 때문이다. 그들이 열매를 맺는 것도, 그들이 열려 있어서다. 열려 있어야, 열매는 열린다. 열매는 꽃 속에 있다.

꽃들과 박각시들의 절묘한 상통과 아름다운 공생을 지켜보면서, 열려 있는 상태가 얼마나 아름다운지, 활짝 여는 행위가 얼마나 소중한지를 마음갈피에 갈무리한다. 자연스레 정진규 시인의 시구가 떠오른다. 시인은 이른 봄 진달래가 "왈큰왈큰 몸을" 열어젖히는 모습을 보고 저도 모르게 몸과 마음이 활짝 열려 이렇게 노래한다.

지금 나 한 사날 잘 열리고 있어

누구나 오셔, 아름답게 놀다 가셔!

-「몸詩·14」 부분, 『별들의 바탕은 어둠이 마땅하다』에서

편 가르기와 금 긋기, 차별과 배제를 일삼는 사회, 따스한 접촉과 환대를 거부하는 사회에서는 좀체 찾아보기 어려운, 실로 명랑한 자기 개

방이 아닐 수 없다. 스스로를 냉대와 멸시가 아닌 환대와 어우러짐의 공간으로 만들려면, 활짝 열려 있는 수밖에는 달리 길이 없다. 꽃들과 박각시들이 생생한 마임(mime)으로 증언하는 것처럼, 활짝 열려 있으면, 남에게는 물론이고 스스로에게도 힘이 된다. 그러니 되도록 활짝 열린 상태로 환대와 상통의 길을 걸어야겠다.

예수의 마음 품기

하늘과 땅과 뭇 생명, 그리고 우주에 대하여 늘 열린 상태로 사셨던 주님을 생각한다. 매년 10월 첫째 주 일요일은 교회력으로 세계성찬주일이다. 전 세계 그리스도교 교회가 너나없이 성찬례를 거행하고, 전 세계 그리스도인들이 가시적 말씀인 주님의 몸과 피를 받아 모심으로써 예수

루셀리아(폭죽초)

그리스도의 구원 사역과 자비 사역, 곧 주님의 생명 사역과 평화 사역을 기억하고 마음갈피에 진하게 아로새기는 날이다. 예수님은 자신의 몸과 피를 상징하는 빵과 포도주를 내주시면서 "나를 기억하여라." 말씀하셨다.(고전 11:23-26) 그리스도인의 구원과 치유는 주님을 기억하는 데 달려 있다. 그러므로 세계성찬주일은 기억 투쟁의 날이요, 기억하는 이들이 한 형제자매로서 연대감을 확고히 다지는 날이라고 하겠다.

주님을 기억한다는 것은 무슨 뜻일까? 바울 사도는 빌립보서 2:1-11 에서 빌립보 교회 교우들에게 "같은 생각 품기, 같은 사랑 가지기, 뜻을 합하여 한 마음 되기, 무슨 일이든 겸손한 마음으로 하기, 자기보다 남을 낮게 여기기, 서로 다른 사람들의 일도 돌보아 주기"(2-4절)를 당부한다. 그의 당부 사항을 두 단어로 요약하면 상통과 환대, 혹은 상호의존과 섬김이 될 것이다. 그가 당부 삼아 제시한 이 모든 것은 하나같이 열려 있지 않으면 불가능한 일들이다. 이를테면 활짝 열려 있어야 힘이 된

선파첸스 모둠

서파니아

다는 것이다. 그러면서 바울 사도는 이 모든 것이 다음 하나에 달려 있다고 말한다. "여러분 안에 이 마음을 품으십시오. 그것은 곧 그리스도 예수의 마음입니다."(5절) 바울 사도는 우리에게 열려 있는 삶의 참된 비결, 곧 상통과 환대의 비결로서 그리스도 예수의 마음 품기를 권고한다. 이 마음을 품는 것이야말로 주님을 기억하는, 마음갈피에 꼭꼭 새겨두고 잊지 않는 진정한 방법이기 때문이다.

열린 상태가 겸손이다

그리스도 예수께서 어찌 사셨기에 그분의 마음을 품으라는 것일까? 바울 사도는 그리스도의 겸손(kenosis)에 대해 말한다. 하나님과 동등한

쇠딱따구리와 느릅나무

지위였으나, 스스로를 높이지 않으시고, 그 지위의 이익도 고집하지 않으셨으며, 하나님과 동등한 특권을 버리고, 종의 지위를 취하셔서 사람이 되시고, 자기를 낮추시고, 죽기까지 하나님께 순종하셔서 하나님이 그를 지극히 높이셨다는 것이다.(6-9절) "그리스도 예수의 마음을 품으라."는 말은, 그리스도께서 하나님 앞에서 겸손하셨듯이, 우리도 그러해야 한다는 뜻이다. 겸손은 하나님을 빨아들이는 진공청소기와 같다. (매튜 폭스) 하나님은 겸손한 사람을 보시면 앞뒤 가리지 않고 곧장 그에게 투신하셔서 그와 한 몸이 되신다. 마이스터 에크하르트는 다음과 같이 말한다.

지극히 높으신 분의 불가해한 신성은 겸손의 심연에 자리한 지극히 낮은 자에게 응답하신다. 참으로 겸손한 사람은 하나님께 부탁할 필요가 없다. 그저 요구하기만 하면 된다. … 높디높은 신성은 깊디깊은 겸손 외에는 아무것도 거들떠보지 않기 때문이다. 겸손한 사람과 하나님은 하나다. 하나님이 스스로를 다스리시듯이, 겸손한 사람은 하나님을 다스린다. 천사 안에 있는 것은 모두 겸손한 사람의 차지다. 겸손한 사람은 하나님이 하시는 일을 무엇이나 한다. 그와 하나님은 한 몸이다. — 『Deutsche Werke I』, W. Kohlhammer Verlag, S. 486

그리스도의 겸손이 하나님에게 이와 같이 작용했다면, 사람에게는 어떻게 작용했는가? 자신을 한없이 낮추어 모두를 껴안는 가없는 사랑, 곧 "어떤 방법으로도 감싸 안을 수 없는 것을 감싸 안는"(기타모리 가조, 『하나님의 아픔의 신학』, 새물결플러스, 36쪽) 사랑으로 작용했다. 마태복음 25장에서 예수님은 최후의 심판에 대해 말씀하시는 가운데 굶주린 사람, 목마른 사

히비스커스 모둠

람, 나그네, 헐벗은 사람, 병든 사람, 갇힌 사람을 열거하며 이렇게 말씀하신다. "내가 진정으로 너희에게 말한다. 너희가 여기 내 형제자매 가운데, 지극히 보잘것없는 사람 하나에게 한 것이 곧 내게 한 것이다."(40절) 무위당 장일순 선생님은 그런 사랑을 가리켜 개문유하(開門流下)라고 불렀다. "문을 활짝 열고 아래로 흘러간다."는 뜻이다. 활짝 열린 상태로 끊임없이 자기를 낮추면서, 더는 낮아질 수 없는 사람들, 한마디로 말해서 밑바닥 인생들을 감싸 안는 것이다. 겸손은 곧 열린 상태이고, 열린 상태는 곧 겸손이다. 하나님과 사람에게 열려 있으면, 자신에게도 남에게도 힘이 된다. 주님이 그 길의 생생한 증인이시다.

오로지 생의 목표를 열려 있음에 두는 저 꽃들처럼, 언제나 어디서나 열린 존재가 되어, 앞에 다가오는 모든 이들을 "참된 겸손과 사심 없는 마음으로 온화하게 마주하고", 하나님과도, 사람과도, 여타의 생명과도 상통하는 길을 쉬지 않고 걸으리라 속으로 다짐하는데, 박각시가 힘찬 날갯짓으로 귓가에서 붕붕거렸다.

꽃들은 서로 스며든다

정원사는 아름다움을 사랑하는 사람이다. 꽃과 나무가 내뿜는 아름다움, 정원의 뭇 생명이 발산하는 아름다움을! 그래서 대개는 철따라 피는 꽃을 정원 구석구석에 골고루 안배하여 심고 돌본다. 정원을 잔디로만 도배하거나, 철쭉 같은 한 계절 꽃만 들입다 심는 법이 없다. 정원사는 자기의 손길 닿는 정원이 알록달록한 빛깔의 화폭과 그윽한 향기의 진원지가 되기를 바란다. 이어달리기 선수가 서로 바통을 넘겨주고 넘겨받듯이, 봄 · 여름 · 가을 · 겨울 등 다양한 계절 꽃이 바통을 이어받으며 피도록 정원을 가꾼다. 같은 계절 꽃도 되도록 여러 종류를 심어 구색을 맞추려고 애쓴다. 게다가 베고니아, 제라늄, 페튜니아, 서피니아, 사계장미, 히비스커스, 란타나, 아프리카봉선화(임파첸스), 선파첸스 등 계절이 바뀌어도 없어지지 않고 피고 지기를 반복하는 꽃도 심고 돌본다. 계절 꽃 사이사이에서 제 존재를 뽐내며 계절 꽃과 어우러져 정원을 더욱 환하게 해주기 때문이다.

이렇게 구색을 맞춘 '비밀의 정원'에서 사계절을 보내다 보면 꽃들이

전하는 묵직한 진리를 체득할 때가 적지 않다. 그 가운데 하나가 바로 어우러짐이다. 학명과 분류가 달라도, 꽃들은 서로 가지를 뻗고, 서로 접촉하고, 서로 스며들기를 주저하지 않는다. 정원사가 일부러 경계를 정해주어도 얼마 지나지 않아 경계를 허문다. 꽃들에겐 인간의 내면에 도사린 심리적 장벽이란 게 없다. 자기 옆에 물리적 장벽이 있어도 낙담하거나 절망하지 않는다. 자신의 전망이 축소되는 것을 거부하고, 용기를 내어 장벽 '너머'를 꿈꾼다. 아무 일 없다는 듯 장벽을 무시하고, 가장 여린 손끝으로 장벽을 타고 넘는다. 그러면서 여봐란 듯이 서로 얽혀 기대고, 서로 상대의 빛깔을 더 선명하게 해주면서 상호의존과 상생의 진리를 말없이 힘차게 전한다. 서로 자기 삶의 자리(Sitz im Leben)를 상대에게 개방하고, 서로 자기 "영혼의 가장 맛있는 부분을"(다니카와 슌타로) 내줄 때에만, 서로에게 힘이 되는 조화(調和)가 이루어질 수 있음을, 꽃들은 누가 봐도 흐뭇한 모습으로 알린다.

서로 섞여 기대는 꽃들의 흐뭇한 모습을 보면서 우리네 모둠살이를 생각한다. 모둠살이라고 하지만, 남이 자기 영역을 침범하지 못하도록 주위에 장벽을 둘러치고, 자기만의 영역을 고수하는 사람들의 모둠살이라면 문제가 있지 않을까. 그런 모둠살이에서는 모든 구성원이 외톨이일 뿐이다. 상호의존이라는 우주적 법칙을 외면한 채, 자기의 마음 문을 닫아 잠그고, 곁을 내주지 않는 것은 남도 파멸시키고, 결국에는 자기도 파멸시킬 뿐이다.

꽃들은 다른 삶의 가능성을 제시한다. 저마다 하나님이 품부해주신 자기만의 생을 한껏 꽃피우면서 서로 곁을 내주기! 서로 품어 안고, 서

로 기대고, 서로 버팀대가 되어주고, 서로 가장 아름다운 선물을 건네기! 바울 사도가 말한 대로, 기뻐하는 사람들과 함께 기뻐하고, 우는 사람들과 함께 울기.(롬 12:15) 한마디로 말해서 자비(die Barmherzigkeit)다. 전망이 축소된 삶, 자기밖에 모르는 삶, 장벽을 세우는 삶을 극복할 수 있게 하는 것은 오직 자비뿐이다.

예수님은 이렇게 말씀하신다. "너희의 아버지께서 자비로우신 것 같이, 너희도 자비로운 사람이 되어라."(눅 6:36) 자비는 하나님의 심장과 가장 가깝다. 아니, 자비는 하나님의 심장에서 줄기차게 뿜어져 나오는 생명의 혈액이다. 마이스터 에크하르트는 그것을 이렇게 표현한다. "하나님이 하시는 일이 무엇이든 가장 먼저 분출하시는 것은 언제나 자비다. 하나님이 줄곧 행하시는 최고의 일은 자비다."(『Deutsche Werke I』, W. Kohlhammer Verlag, S. 457) 에크하르트는 하나님에게 가장 잘 어울리는 이름이 자비라고 말하기까지 한다. 자비로운 사람은 하나님의 속성 가운데 최고의 속성을 지닌 사람이다. 그러니 우리는 무엇보다도 자비로운 사람이 되려고 힘써야 한다. 꽃들도 서로 곁을 내주며 스며들어 아름다운 공생의 길을 걷는데, 꽃보다 아름답다는 사람이 그러지 않는다면 말이 되겠는가?

아, 장벽!

성지 순례 길에 베들레헴에 들렀을 때가 생각난다. 말로만 듣던 '분리 장벽'을 두 눈으로 목격하고 어찌나 큰 충격을 받았는지 모른다. 이스라엘이 2002년부터 대테러용이라는 명목으로 요르단 강 서안에 건설한 장벽 — 장장 730km다! — 의 일부를 보는 것인데도, 베들레헴 남서부와 북부를 철옹성처럼 에워싼 무시무시한 콘크리트 장벽의 규모가 어마어마했다. 삭막하고 비정하고 무자비한 장벽의 실체를 접하며 속으로 울음을 삼켰다. 정말 이렇게까지 해야 하는가? 자비에 기초한 상생을 설파하신 예수님이 다시 오셔서 저 장벽의 모습을 보신다면 어찌하실까? 예루살렘 — 현재 동예루살렘에도 장벽은 축조되어 있다 — 을 보시고 한탄하신 예수님의 모습이 선히 떠올랐다(마 23:37-39). 몰지각한 이스라엘 사람들은 2000여 년 전과 마찬가지로 이렇게 말할지도 모르겠다. "선생님, 보십시오! 얼마나 굉장한 벽입니까? 얼마나 굉장한 위용입니까?"(참고. 막 13:1) 예수님이 다시 오신다면 그들에게 똑같은 말씀을 하시지 않을까? "여기에 돌 하나도 돌 위에 남아 있지 않고, 다 무너질 것이다"(막 13:2).

'초세계화 시대', '국경 없는 세상'이라는 표현이 등장하는 지금도 세계 도처에서 '불법 이민 방지 장벽'과 같은 장벽이 세워지고 있다. 사실 인간의 역사는 장벽 건설의 역사라고 해도 과언이 아니다. 오랑캐의 침입을 막는다는 명분으로 진나라 때부터 명나라 때에 이르기까지 중국의 역대 왕조가 축조한 만리장성, 로마제국이 건설한 7000km 길이의 리메스(Limes), 페스트의 유입을 막기 위한 페스트 장벽, 유대인 게토, 윈스턴 처칠이 입에 올려 유명해진 철의 장막, 덩샤오핑이 언급한 죽의 장막, 베링 해협의 미국령 리틀 다이오미드 섬과 소련령 빅 다이오미드 섬을 가로지르는 얼음 장막, 미국이 쿠바와 관타나모 기지 사이에 설치한 선인장 장막, 1961년부터 동독에 의해 건설되어 1989년에 완전히 무너진 베를린 장벽, 남북한을 가로지르는 분단의 장벽, 인도가 파키스탄과 대치하며 카슈미르에 건설한 장벽, 앞서 언급한 이스라엘의 분리 장벽, 가자 지구의 이집트 장벽 등이 그 생생한 증거다. 장벽을 건설하는 쪽에서는 그럴싸한 명분을 내세우지만, 대개의 장벽은 일방적으로 결정된 벽, 약자에게 강요된 벽, 약자에게 치욕과 수치심을 안겨주는 벽, 타자를 생각할 줄 모르는 무능력을 내포하고 있는 것에 지나지 않는다. 모든 장벽의 공통분모는 타자에 대한 두려움이다.(이상 참고. 클로드 케텔, 『장벽』, 명랑한지성)

장벽을 건설하는 쪽은 깨닫지 못한다. 타자를 벽에 가두는 것은 스스로를 벽에 가두는 것과 다름없고, 벽을 세워 타자의 접근을 막는 것은 자신의 전망을 현저하게 축소시켜 어둡게 하고 만다는 것을. 끼리끼리

추명국

살고자 하는 비극적 불가능성을 넘어, 차이와 타자성을 존중하고 껴안는 쪽으로 나아가려면 어찌해야 하는가?

또 하나의 장벽, 눈먼 상태

예수님 일행이 여리고에 들렀다 떠나실 때 일어난 사건, 곧 눈먼 바디매오가 고침 받은 사건이 생각난다.(막 10:46-52) 여리고는 타자의 유입을 막으려고 성을 세웠지만, 여호수아와 그 군대와 백성들이 하나님의 명령대로 이레 동안 날마다 한 차례씩 돌고, 이렛날 큰 함성을 지르자 성벽이 무너져 내린 그 도시다.(참고. 수 6:1-5) 그 성벽의 잔해가 지금도 남아 있다. 실제로 가본 여리고성은 한 바퀴 도는 데 10분도 걸리지 않는 작은 토성이었다.

바디매오라는 눈먼 거지가 길가에 앉아 있었다. 바디매오(Βαρτιμαῖος)는 '디매오의 아들'이란 뜻이다. 51절에서 "선생님, 내가 다시 볼 수 있게 하여 주십시오."라고 청하는 것으로 보아 눈먼 상태로 태어난 사람은 아니었던 것 같다. 앞을 잘 보다가 무엇 때문인지는 모르지만 어느 순간부터 눈이 멀어버린 사람이었을 것이다. 전망이 탁 트인 상태로 살다가 어느 순간부터 전망이 현저하게 축소된 상태로 살아가는 사람, 타자에 대한 개방성으로 환대와 포용의 길을 걷다가 모종의 원인으로 자기도 모르는 사이에 타자에 대한 배타성에 젖어 배척의 길을 걷는 사람으로 새겨도 무방할 것이다. 혹은 외적 요인이든, 내적 요인이든, 어느 시점부터 타자가 표출한 배타성의 장벽에 부딪히거나 배제되어 절망적인 삶을 영위하는 사람으로 새길 수도 있다. 어느 쪽으로 새기든, 전망이 축소된 상태로 사는 것은 눈앞에 장벽을 항시 마주하고 사는 것과 다르지 않다. 그런 상태의 사람은 안팎으로 어두울 수밖에 없고, 가는 곳마다 발걸음 내딛는 곳마다 장애물을 만날 수밖에 없으며, 그 결과로 내적 · 외적 빈곤에서 벗어날 수 없게 된다.

내 눈을 열어주소서

절망적인 전망 축소, 내면과 외면을 가득 채우고 있는 어둠, 극심한 빈곤에 지친 바디매오에게 '나사렛 사람 예수께서 지나가신다.'는 말이 들려왔다. 장벽을 마주한 삶을 더는 견딜 수 없어서 그는 고함을 지른다. "다윗의 자손 예수님, 나를 불쌍히 여겨 주십시오." 주위 사람들이 침묵을 강요하며 꾸짖음의 장벽을 세워도 그는 아랑곳하지 않고 또다시 고함을 지른다. "다윗의 자손님, 나를 불쌍히 여겨 주십시오."(47-48절) 그야말로 자비를 구하는 외침이다. "불쌍히 여겨 달라"는 표현은 "자비를 베풀어 달라"는 뜻이다. 자비는 다른 사람의 고통과 아픔을 창자 단계에서부터 느끼는 것을 의미한다. 부언하면 자비는 다른 사람의 고통을 보고 애끓는 것이라고 할 수 있다. 자비의 핵심은 상호 의존과 상호 연결이다. 토머스 머튼은 임종 두 시간 전에 행한 강연에서 이렇게 말했다. "자비에 대한 온전한 이해는 모든 생명이 상호 의존한다는 예리한 인식에 뿌리박고 있습니다. 모든 생명은 서로의 일부이며, 서로 연결되어 있습니다"(매튜 폭스, 『영성-자비의 힘』, 다산글방, 1쪽). 바디매오의 외침은 더 이상 봉쇄된 상태, 타자와 단절된 상태로 살지 않고, 타자와 연결된 상태, 안팎으로 밝은 상태, 전망이 탁 트인 상태로 살고 싶다는 강력한 의지의 표명이다. 도종환 시인은 그런 의지를 담쟁이에 빗대어 노래한다.

저것은 벽
어쩔 수 없는 벽이라고 우리가 느낄 때
그때
담쟁이는 말없이 그 벽을 오른다
물 한 방울 없고 씨앗 한 톨 살아남을 수 없는
저것은 절망의 벽이라고 말할 때
담쟁이는 서두르지 않고 앞으로 나아간다
한 뼘이라도 꼭 여럿이 함께 손을 잡고 올라간다

푸르게 절망을 다 덮을 때까지
바로 그 절망을 잡고 놓지 않는다

－「담쟁이」 부분

　　바디매오 이야기는 누군가가 자비를 구하며 크게 부르짖을 때, 주위 사람들이 어찌해야 하는지도 적실하게 보도한다. 이를테면 "조용히 하라"고 으르대며 아갈잡이를 하는 것이 아니라, '힘을 내어 주님께 나아가라'고 따스하게 격려하는 것이다. "용기를 내어 일어나시오. 예수께서 당신을 부르시오."(49절)

　　우리는 무자비와 몰인정이라는 장벽이 무너질 때까지 자비를 구하는 외침을 지속해야 한다. 자비를 구하는 바디매오의 외침은 자비의 화신(化身)이신 예수님께 가닿는다. 복음서들은 차별과 배제에 기초한 유대 사회 한가운데서 포용과 상생의 길을 힘차게 걸으신 예수님이 자비를 베푸는 분이심을 다양한 표현으로 증언한다.(참고. 마 9:36, 20:34, 막 1:40, 눅 1:13이하) 예수님은 바디매오에게 말씀하신다. "내가 너에게 무엇을 하여 주기를 바라느냐?" 바디매오는 자기의 바람을 단도직입으로 말씀드린다. "선생님, 내가 다시 볼 수 있게 하여 주십시오."(51절) '전망이 탁 트인 상태로 환대 · 포용 · 상생의 길을 힘차게 걸을 수 있도록 다시 내 눈을 열어 주십시오.' 바울 사도의 말대로 차별과 배제의 "벽을 허무신"(엡 2:14) 예수님은 바디매오의 담찬 간구에 이렇게 말씀하신다. "가거라. 네 믿음이 너를 구원하였다." 자기가 세운 것이든, 남이 세운 것이든, 맹목의 장벽을 넘어서려는 의지를 담차게 품는 것, 그리고 다들 "저것은 넘을 수 없는 벽이라고 고개를 떨구고 있을 때" 주님이야말로 "담쟁이 잎 수천 개를 이끌고 / 결국 그 벽을 넘는" 담쟁이 잎이심을 확신하고 그분

클레마티스 씨앗

께 나아가는 것, 이것이 바디매오의 믿음이었다. 주님은 그 믿음이 바디매오를 구원했다고 말씀하신다.

바디매오 이야기의 마지막 부분은 참 의미심장하다. "그는 예수가 가시는 길을 따라 나섰다." 나는 이 문장을 "그는 자비의 화신이신 예수께서 가시는 길을 따라 나섰다."로 읽는다. 그렇게 예수를 뒤따르면서 자비로운 사람이 되는 이는 하나님의 자비를 입게 마련이다.(마 5:7)

우리는 남도 가두고 자신도 가두는 장벽을 안팎으로 세우고 있지는 않은지, 타자를 배제한 채 자기만의 성채에 똬리를 틀고 있지는 않은지, 그래서 안팎이 어두운 삶을 영위하고 있지는 않은지 돌아보아야 한다. 있다면 장벽을 허물고 그 자리에 꽃밭을 일구면 좋겠다. 하이쿠 시인 고바야시 잇사가 노래한 대로 "꽃그늘 아래 / 생판 남인 사람은 / 아무도 없"기 때문이다.(류시화, 『백만 광년의 고독 속에서 한 줄의 시를 읽다』, 연금술사, 115쪽) 안팎에 도사린 장벽을 알아볼 줄 아는 눈을 열어 달라고, 세계 도처에서 끊임없이 세워지고 있는 차별과 배제의 장벽이 무너지게 해달라고 주님께 외치고, 자비의 화신이신 예수님을 따라 자비로운 사람이 되고자 힘쓰는 우리 모두가 되면 좋겠다.

잃어버린 언어를 찾아서

아직 남아 있는 게 있어서

윗녘은 벌써 겨울이 시작되었다지만, 남녘은 그야말로 완연한 가을이다. 피라칸타 열매와 호랑가시나무 열매가 짙붉게 익고, 감나무 끝에 몇 개 남겨둔 대봉과 홍시도 붉어져 까치와 직박구리를 부르고 있다. '비밀의 정원'을 병풍처럼 두른 방풍림의 활엽수들, 예배당 바람벽을 타고 오르는 담쟁이, 정원에 자리한 남천과 화살나무와 마삭줄이 곱게 물들었다. 알록달록한 모습을 시샘이라도 하는 듯, 북서풍이 간간이 불어들면, 그들은 몸서리를 치며 오색 물감을 몇 방울씩 똑똑 떨어뜨린다. 그러면 대지도 울긋불긋 다소곳이 물든다. 다채로운 빛깔에 굶주려 정원을 바장이던 정원사의 마음도 도리 없이 물든다. 물들어서 물들이는 식물들, 정원사의 마음까지 물들이고 마는 식물들! 나는 그들의 아름다움과 불온함을 느끼며, 그들의 창조주이자 나의 창조주이신 주님께 마음속으로 아뢴다.

주님, 당신에게 물들어 여기까지 왔습니다.

이후로도 제가 어디에 있든지,

무엇을 하든지,

당신으로 속속들이 물들어,

당신의 빛깔을 온전히 드러내게 하소서.

중부와 이북 지역에서는 서리와 눈이 내리고, 얼음이 얼고, 기온도 영하로 떨어져, 꽃들이 모두 다 사라졌다는 소식이 들리는데, 이곳 남녘 '비밀의 정원'에서는 꽃들이 다 사라진 것은 아니다. 아직은 건재하다. 국화, 베고니아, 제라늄, 페튜니아, 서피니아, 히비스커스, 란타나, 아프리카봉선화(임파첸스), 선파첸스, 루셀리아(폭죽초), 루엘리아, 거베라, 가자니아, 메리골드가 여전히 피어 있다. 사계장미와 클레마티스(으아리)도 군데군데 피어, 하루가 다르게 일조량이 줄어드는 것을 아쉬워하고 있다. 아쉬움이 커서일까? 제철에 필 때보다 빛깔이 더 짙다. 장미는 검붉은 빛깔로, 클레마티스는 짙은 분홍빛깔로 말한다. "죽도록 말해주고 싶어요. 삶은 아름다운 거라고."(자크 프레베르) 된서리를 맞아 소멸하기 전, 그들은 속에 남아 있는 창조에너지를 최대한 끌어올려 삶의 환희를 더욱 선명한 빛깔로 드러낸다. 늦가을 추위에도 아랑곳하지 않고 꽃대를 하늘로 들어 올리며 '아직 남아 있는 게 있어서요.'라고 노래한다. 쇠락을 앞둔 상태에서도 남은 힘을 그러모아 온몸으로 부르는 그들의 생의 찬미가 눈물겹게 고맙다.

겨울로 접어드는 늦가을, "머잖아 나무는 헐벗고 정원은 텅 비겠지"만

국화 모둠

(헤르만 헤세, 「가을의 시작」 부분), 아쉽게도 나무들이 가을 색으로 물든 잎을 다 떨어뜨리고 벗은 몸으로, 움켜쥔 게 전혀 없는 줄가리 상태로, 풀꽃들이 된서리에 녹아 늘어진 상태로 긴긴 겨울을 나겠지만, 그때까지는 노루 꼬리만큼이라도 볕이 있고, 시간이 있으니, 나는 모든 물든 것, 모든 물들이는 것을 오래 붙잡아 두련다. 아직 남아 있는 것이 있다고 힘차게 말하는 꽃들도 좀 더 오래 잡아두련다. 안팎의 눈으로 그들을 좀 더 오래 바라보고, 보물처럼 좀 더 품고, 그들에게 말을 건네고, 그들의 전언을 귀여겨들으련다. 그렇게 물들고 깊어져서야 그들을 떠나보내련다.

녹색예배를 드리다

가을인가 싶으면 이내 겨울을 느끼게 하는 11월. 몹시 스산해서 마음을 쉬이 갈앉히지 못하고 서성이게 하는 11월. 그럼에도 아메리카 인디언 아라파호족은 11월을 가리켜 "모두 다 사라진 것은 아닌 달"이라고 부른다. 겨울 초입이어도 자세히 보면 아직 남은 게 있음을 확인할 수 있다는 표현일 게다. '비밀의 정원'이 꼭 그런 상태다. 바라보는 이의 마음을 환히 밝히는 다채로운 빛깔과 그윽한 향기로 벌과 나비를 부르는 꽃들이 아직은 남아 있는 것이다.

갈릴리교회는 봄/가을에 한 차례씩 '녹색예배'를 드린다. 피조물 형제자매를 통해 건네시는 창조주의 메시지를 감득하고, 창조질서의 보전에 힘쓰겠다고 다짐하기 위해 드리는 예배다. 날씨가 너무 쌀쌀해서 옷깃을 계속 여미게 하던 10월 마지막 주일과 달리, 더없이 화창하고 다사롭던 11월 첫째 주일, 꽃들이 여전히 남아서 존재의 황홀을 노래하는, 하나님과 천사도 함께 거하는 '비밀의 정원'에서 '녹색예배'를 드렸다.

이른 아침 정원 한가운데 천막이 설치되고, 여선교회와 남선교회 회원들이 속속 도착하여 주방과 친교실에서 김밥을 쌌다. 김밥에 들어갈 소는 여선교회 회원들이 분담하여 각자의 집에서 준비해왔다. 정성이 가득 담긴 소를 골고루 넣어 남선교회 회원들의 손까지 빌려서 돌돌 만 김밥이니, 그것을 먹는 이들은 온 교우의 손맛을 다 보게 되는 셈이다. 남선교회 회원들이 김밥을 말며 주고받은 농담이 생각난다.

"갈릴리교회에 와서 별 걸 다 해보요. 김밥은 첨인디."

"누군 해봤간디. 나도 첨이여."

남선교회의 바람직한 변화를 흐뭇하게 바라보는 여선교회 교우들의
모습도 기억에 남는다.

오전 11시, 마침내 녹색예배가 시작되고 곧이어 「태양의 찬가」가 '비
밀의 정원'에 울려 퍼졌다.

오 감미로워라 가난한 내 맘에
한없이 샘솟는 정결한 사랑
오 감미로워라 나 외롭지 않고
온 세상 만물 향기와 빛으로
피조물의 기쁨 찬미하는 여기
지극히 작은 이 몸 있음을

오 아름다워라 저 하늘의 별들
형님인 태양과 누님인 달은
오 아름다워라 어머니이신 땅과
과일과 꽃들 바람과 불
갖가지 생명 적시는 물결
이 모든 신비가 주 찬미 찬미로
사랑의 내 주님을 노래 부른다.

성 프란치스코의 시에 R. 오르톨라니가 곡을 붙인 「태양의 찬가」는 우리교회가 창조 영성 주제가로 정하여 부르는 노래다. 이 노래는 창조주께서 지으신 만물이 우리의 형제이자 자매이고, 대지는 어머니이며, 이들 모두 우리와 한 식구라는 따스한 생각, 만물과 사람이 평등하다는 놀라운 인식, 모든 피조물이 창조주를 기리며 찬미한다는 생각을 담고 있다. 사람의 편리를 위한 사람만의 독주와 우주착취가 속도를 더하는 생태학적 위기의 시대에 이 노래는 우리가 우주를 어떤 자세로 마주해야 하는지를 적실하게 일깨운다.

갈맷빛 하나님의 뜰에 들어선 사람은 어떤 자세로 피조물을 마주해야 하는가? 성서의 창조 전통에 선 사람은 인간 우월주의를 부르짖지 않는다. 인간 우월주의를 앞세워 인간과 만물의 평등을 깨고, 인간과 우

대국

주의 조화를 깨는 것은 자기중심성을 버리지 못한 유아적 행동에 지나지 않는다. 창조 영성에 충실한 사람은 자신과 만물이 한 뿌리에서 나왔고, 자신과 만물이 평등하다는 인식을 굳게 붙잡는다. 그는 녹색 사원으로 들어갈 때마다 겸손히 자기를 낮춘다. 태양을 형님, 달을 누님, 대지를 어머니로 여기기 때문이다.

이윽고 '말씀 선포'의 시간! 하지만 녹색예배를 드리는 날은 목사의 설교가 없다. 덕분에 목사는 설교 준비와 선포의 부담에서 놓여난다. 그렇다고 설교가 아예 없는 것은 아니다. 이날의 설교자는 꽃과 나무, 새와 벌과 나비, 바다와 파도와 몽돌, 푸른 하늘과 바람과 태양이다. 모든 피조물은 하나님의 메신저, 하나님의 의사 전달이다. 마이스터 에크하르트는 이렇게 말한다. "모든 피조물은 저마다 하나님으로 가득 차 있고, 하나님에 관해 말하는 한 권의 책이다."(『마이스터 에카르트는 이렇게 말했다』, 126쪽) 정원사의 안내에 따라 온 교우가 저마다 자기의 시선과 마음을 끌어당기는 피조물 형제자매를 마주하여 한 말씀을 경청하고, 그 울

담쟁이

림을 마음갈피에 아로새기고, 울림을 준 메신저의 특징을 미리 나눠준 우편엽서에 그린다. 그러고는 그것을 앞으로 가져와 칠판에 붙이고 온 교우가 함께 볼 수 있게 한다. 교우들 가운데 몇 분이 앞으로 나와 자기가 감득한 메시지를 나누기도 한다. 이처럼 피조물 형제자매의 메시지를 감득하는 일은, 창조주 하나님이 대지 위에 오색 잉크로 쓰신 문장을 찬찬히 읽고, 피조물 형제자매들 속에 새겨두신 창조주의 감탄사 "좋구나, 참 좋아!"를 읽어내고, 시르죽었던 자기 삶에 놀람과 감탄, 깊고 그윽한 찬미를 회복하는 일이라고 할 수 있다.

피조물 형제자매가 전하는 창조주의 메시지로 영혼의 허기를 달랬으니, 이제는 식탁 친교를 가질 차례! 예수님이 하나님 나라의 주춧돌로 삼으신 식탁 친교! 식탁 친교는 삶의 본질적 요소이자 하나님 나라의 현실이다.(디트리히 본회퍼, 『옥중서신-저항과 복종』, 복 있는 사람, 140-141쪽) 바비큐를 차려내는 봄철 녹색예배와 달리, 가을철 녹색예배에는 교우들의 의견을 모아 간단하게 김밥만 차려낼 계획이었다. 하지만 언제나 그렇듯이 갈릴리교회 식탁 친교에는 의외성과 푸짐함이 자리하고 있다. 아무리 살펴보아도 간단한 상차림이 아니다. 아침 일찍 준비한 김밥 외에도 교우들과 손님이 챙겨온 음식들이 테이블마다 가득 차려진다. 부천에서 온 손님들이 놀라서 혀를 내두른다. 풍성한 상차림과 격의 없이 어우러지는 교우들의 모습에 놀라고, 꽃들이 만발한 '비밀의 정원' 한가운데서 갖는 식탁 친교여서 또 놀라고….

온기를 듬뿍 담은 덕담과 유머와 맛난 음식을 나누는 식탁 친교에 이어, 생태 동화 한 편을 읽고, 마을 주민을 대상으로 한 의료봉사를 실시하고, 녹색예배를 마무리했다.

잃어버린 언어를 찾아서

주님의 밭에서 녹색예배의 의의를 곱새긴다. 정원 일도 그러하지만, 녹색예배도 잃어버린 언어를 회복하는 여정이라고 할 수 있다. 태곳적 인간은 제 언어만 알고 있었던 게 아니다. 숨탄것, 꽃과 나무, 어디서 와서 어디로 가는지 알 수 없는 바람, 만물의 어머니인 대지와 소통하는 언어도 알고 있었다. 하지만 산업화의 물결과, 자연에게서 신성을 박탈해버린 인간우월주의가 맹위를 떨치면서 그 언어는 가뭇없이 사라지고 말았다. 셸 실버스타인은 그런 상황을 슬프게 노래한다.

전에 나는 꽃의 언어로 이야기했었고
애벌레들이 말하는 걸 이해할 수 있었다
찌르레기의 중얼거림을 이해할 수 있었고
파리에게 잠자리에 대해 물어보기도 했다
전에 나는 귀뚜라미에게 대답을 해주었고
떨어지는 눈송이의 소리를 들었다
전에 나는 꽃의 언어로 이야기했었다
그런데 그 모든 것이 어떻게 된 걸까
나는 통 그것들을 말할 수 없으니

– 「사라져버린 언어」 전문

이제 남은 언어는 사람과 사람이 주고받는 언어이지만, 그것으로도 소통되지 않는 경우가 많다. 언어의 폭력도 만만치 않게 행사되고 있다. 언어가 타락해가고 있기 때문이다. 현대인은 대자연 한가운데서 어찌할 줄 모르는 경우가 많다. 그저 대자연 한가운데서도 도시인의 습성을 드러낼 뿐이다. 자연의 언어에 익숙하지 않기 때문이다. 자연에는 자연 고유의 언어가 있다. 태초부터 지금까지 유지되어온 언어, 만물과 창조주 사이에 끊임없이 오가는 언어다. 이 언어의 회복이 시급하다. 우리 시대가 화성이나 은하계에 수많은 탐사선을 발사하고, 지구를 샅샅이 살필 수 있는 인공위성을 무수히 쏘아 올리는 시대라고 한들, 우리가 풀 한 포기, 들꽃 한 송이, 나무 한 그루와 대화할 줄 모른다면, 우리는 도무지

화살나무

지구별의 밝은 미래를 이야기할 수 없을 것이다. 눈에 보이는 피조물 형제자매가 전하는 창조주의 메시지를 귀담아 듣지 못하면서 어찌 하나님의 세미한 음성을 들을 수 있겠는가?

정원사는 꿈꾼다. 갈맷빛 하나님의 정원을 찾는 사람이 점점 더 많아지기를, 잃어버린 언어를 회복하여 피조물 형제자매와 대화할 줄 아는 이가 많아지기를, 자연의 식구들을 통해 전달되는 창조주의 메시지에 귀 기울이고 자연의 언어를 구사할 줄 알고 감탄과 찬미를 회복하는 이가 많아져서 지구별의 지속가능한 미래를 노래할 수 있게 되기를.

사는 게 참 꽃 같아야

볼락 총각김치를 담그며

무 가운데 제일 맛있는 무는 단연 가을무다. 가을무는 인삼보다 낫다는 말이 있을 정도니까. 무르지 않고 아삭아삭하며 단맛이 풍부한 가을무! 사시사철 재배가 가능하지만, 사실 무는 김장철인 지금이 제철이다. 얼마 전 아내와 함께 '서시장'을 거니는데, 좌판마다 더미로 쌓인 가을무와 총각무가 보였다. 더미로 쌓인 가을무를 그저 바라보기만 하는데도 저절로 군침이 돌았다. 어머니를 일찍 여읜 어린 시절, 두 여동생과 함께 곧잘 담가 먹던 깍두기와 총각김치 맛이 생각난 거다. 익을 대로 익은 가을무 김치는 우리 삼남매에게 시원한 '사이다'와 어금버금했다. 가난하기 그지없었어도, 깍두기와 총각김치만 있으면, 여느 집처럼 소시지나 달걀 프라이 같은 반찬이 없어도 마냥 좋았다. 밥 한 술 떠 넣고, 총각김치를 한 입 베어 물고 우적우적 씹다보면, 입 안 가득 차오르는 충만함이 참 좋았다.

속절없이 고이는 군침을 꿀꺽꿀꺽 삼키며 좌판을 그냥 지나칠 수는

없었다. 튤립과 수선화 등 정원에 가을 구근 심으랴, 밀린 번역 마무리
하랴, 시간에 쫓기고, 김치를 담그려면 제법 많은 시간과 공력을 들여야
하는데도, 여수에서 살게 된 이래로 김장철만 되면 늘 그랬듯이, 이번에
도 볼락 깍두기와 볼락 총각김치를 담그지 않으면 안 되겠다 싶었다. 어
릴 적 강원도에서 먹던 맛 그대로 재현해보고 싶기도 했다. 이따금 밤
낚시로 잡아놓은 볼락의 마릿수도 제법 되었다. 볼락 김치는 아내가 넘
보지 못하는 나만의 고유 영역. 나는 총각무 열 단과 쪽파 한 단을 구입
하고, 아내는 양념에 쓸 청양고추와 생강과 양파 그리고 새우젓을 구입
했다. 집에 돌아와 거의 열한 시간에 걸쳐 김치를 담갔다. 양념에 쓸 쪽
파와 마늘과 생강과 양파와 청양고추를 다듬고 까고 깎고 썰고 가는 일
은 아내 몫이고, 정원 마당에서 총각무를 다듬고 쪼개고 절이고 씻는
일, 볼락과 양념의 간을 맞추는 일, 김치를 버무리는 일은 내 몫이었다.

"여보, 이리 와서 잘 들어봐요, 총각김치 익는 소리를!"

담근 총각김치를 김치 통에 담아 바로 냉장고에 들이지 않고, 밖에 이
틀 정도 둔 뒤에, 덮개를 열고 귀여겨들었다. 하나님의 메시지를 귀담아
듣는 듯, 마음을 차분히 갈앉히고 고요한 가운데 들었다. "복, 뽁, 복, 복,
뽁!" 낮고 세미한 소리가 김치 통 구석구석에서 서로 주거니 받거니 하
면서 으밀아밀 속삭였다. 서로 '복 있으라' 하고 덕담(benediction)을 건네
는 것 같았다. 들어보았는가? 김치 익어가는 복된 소리를! 낮고 작은 소
리인데도, 내 귀에는 어찌나 크고 왁자하게 들리던지, 마치 누군가 김

치 통 안에 숨어서 발포 비닐 랩(bubble wrap)을 남몰래 터뜨리는 것 같았다. 발효가 시작된 것이다. 이렇게 '발효'라는 은총의 선물이 찾아오면, 볼락 김치는 모두가 어우러져 이룬 바람직한 조화가 얼마나 깊고 그윽할 수 있는지를 실답게 증언하는, 누가 봐도 어엿한 김치 왕국이 된다.

절여진다는 것

깊게 익어가는 총각김치의 모습을 보면서 잠시 '절여진다는 것'의 의미를 곱씹어 보았다. 김치의 깊은 맛은 사실 재료가 얼마나 잘 절여지느냐에 달려 있다. 재료와 양념도 신선해야 하지만, 무엇보다 중요한 것은 소금이다. 몇 해에 걸쳐 간수를 뺀 천일염이라야 제격이다. 그런 소금은 쓴맛보다는 짠맛과 단맛이 적절히 어우러진 맛을 내기 때문이다. 다듬어 놓은 재료에 간수 뺀 천일염을 적절히 흩뿌리고, 30분마다 재료를 뒤집으면서 두어 시간을 기다리다 보면, 재료의 숨이 맞춤하게 죽는다. 제대로 절여진 것이다. 그렇게 잘 절여진 재료를 물에 씻어 양념과 함께 버무릴 때, 김치는 비로소 깊은 맛의 왕국이 되어가기 시작한다. 잘 절여진 재료와 잘 절여진 양념의 어우러짐이 묘하게도 '발효'라는 은총을 불러들이는 거다.

신앙생활은 무엇과 같을까? 지상 최고의 소금인 주님의 가르침, 곧 주님의 진리에 푹 절여지는 과정과 같다. 주님이 탄생하신 목적이자 이 세상에 오신 목적이었던 진리 증언!(요 18:37) 혹자는 빌라도처럼 "무엇이 진리인가?"(요 18:38) 하고 물을지도 모르겠다. 주님이 말씀으로, 온몸으로, 삶으로 보여주신 모든 것이 진리다. 산상수훈(마 5-7장), 하나님 사랑

총각김치를 담그기 위한 준비

과 이웃 사랑(마 22:37), 상호의존을 밑절미로 삼는 자비(눅 6:36), 칼로 은
유되는 폭력을 쓰지 않는 것(마 26:52), 소위 가포눈눌로 약칭되는 사회적
약자에 대한 지극한 배려(마 25:31-46, 눅 4:18-19), 십자가에서 여실히 드러
난 것처럼, 타자를 위하여(pro aliis) 자기를 희생하는 것 등등. 이렇게 맛좋
은 최고의 소금을 매주 접하면서도 뻣센 배추처럼 숨이 죽지 않는다면,
일상생활 속에서 자기를 비우고 여의는 일을 실답게 도모하지 않는다
면, 하나님의 나라와 하나님의 의를 구하기보다(마 6:33) 제 욕망을 채우
는 일에 급급하다면, 그리고 이를 위해 폭력과 완력이라는 무리수까지
둔다면, 과연 그런 것을 신앙생활이라고 할 수 있을까? 그런 이들의 공
동체를 정말 신앙공동체라고 할 수 있을까? 그런 공동체에 어찌 '발효'
의 은총, 이른바 '조화'의 은총이 임하기를 바라겠는가?

소금은 맛을 잃지 않았는데, 그 소금을 산포(散布) 받은 사람이 절여
지지 않는다면, 달리 말해서 주님의 가르침에 복종하지 않는다면, 이는

소금 탓이 아니라 전적으로 그 사람 탓일 게다. 그런 사람에게는 남다른 특징이 있다. 이를테면 소금의 염도(鹽度)를 아주 묽게 해서 받아들이는 거다. 대개는 물욕과 명예욕과 권력욕으로 소금기의 정도를 현저히 누그러뜨린다. 바울 사도는 물욕과 명예욕과 권력욕을 시대 풍조로 규정하며 이렇게 권면한다. "여러분은 이 시대의 풍조를 본받지 말고, 마음을 새롭게 함으로 변화를 받아서, 하나님의 선하시고 기뻐하시고 완전하신 뜻이 무엇인지를 분별하도록 하십시오."(롬 12:2) 한 절 앞에서는 "여러분의 몸을 하나님께서 기뻐하실 거룩한 산 제물로 드리십시오."라고 말하기도 한다. 나는 이 말씀을 '주님의 가르침에 푹 절여진 상태, 깔축없는 주님의 진리에 철저히 복종하는 상태가 되고, 주님의 나라에 맞갖은 구성원이 되라.'는 당부로 읽는다. "복종과 의무를 즐길 수 있는 것, 그리고 좁은 길이 잘 보이는 것은 '자아가 증상'인 세속 속에서 증상을 넘어선 자아의 빈터를 흘깃 드러"내기 때문이다.(김영민, 『차마 깨칠 뻔하였다』, 늘봄, 286-287쪽)

세상에 속하지 않은 나라

빌라도와 예수님 사이에 오간 문답이 떠오른다.(요 18:33-38) 대단히 정치적인 문답이다. 예수님은 "당신이 유대 사람들의 왕이오?" 하고 묻는 유대 총독 빌라도에게 "내 나라는 이 세상에 속한 것이 아니오."라고 대답하신다. 세상의 권력을 거머쥔 로마 황제 티베리우스의 파송을 받아 유대 지역을 통치하는 총독 앞에서 자신의 나라를 로마 제국의 대척점에 있는 나라로 제시하신 것이다. 그러면 로마 제국은 어떤 나라였는가?

무력과 폭력으로 제국의 안정과 평안을 꾀하는 나라!

미하일 불가코프의 소설 『거장과 마르가리타』(문학과지성사)가 그 사실을 여실히 보여준다. 소설 속 빌라도가 예수에게 "진리의 왕국이 오겠는가?"라고 묻는다. 예수는 확신에 찬 음성으로 대답한다. "올 것입니다. 헤게몬." 그러자 빌라도는 무서운 목소리로 소리친다. "절대 오지 않을 것이다!" 빌라도는 정원까지 들리도록 큰소리로 같은 말을 외치며 예수에게 사형을 선고한다. "범법자! 범법자! 범법자!"(47쪽) 조금 전만 해도 예수가 "선량한 분이시여!" 하고 부르자, "잘못 알고 있군. 예르샬라임 사람들은 모두 내가 광포한 괴물이라고 쑤군대고 있지. 그건 전적으로 맞는 말이다."(30쪽)라며 자신의 폭력성을 쥐잡이꾼이란 별명의 백인대 대장을 통해 여실히 보여주면서도, 예수를 정신이상자로 여겨 그에 대한 산헤드린의 사형 판결을 승인하지 않고, 그에게서 성전 파괴 선동 혐의를 벗겨주려 한 빌라도였다. 하지만 서기관이 내민 다른 양피지 한 꾸러미를 읽는 순간, 그의 목과 얼굴은 분노로 검붉게 변한다. 그는 불안한 눈길을 보내며 소리를 지른다. "위대한 카이사르에 대해 네가 무슨 말인가를 한 적이 있느냐? 대답하라! 했는가?"(44쪽) 예수는 다음과 같이 대답한다.

> 모든 권력은 인간에 대한 폭력이며, 카이사르들의 권력도, 그 외의 다른 어떤 권력도 존재하지 않는 시대가 올 것이고, 그때가 되면 인간은 그 어떤 권력도 필요 없는 진리와 정의의 왕국으로 들어서게 될 것이라고 말했습니다.(45쪽)

억압하고 강탈하는 지배행위로 세상을 불행하게 하는 까닭에 "저주의 수렴"이자 "치욕의 원천"이며 "강력한 오점"(정현종)인 황제의 권력 맞은 편에 권력이 필요 없는 진리와 정의를 맞세운, 실로 도발적인 답변이 아닐 수 없다. 마치 정현종 시인의 시 「나쁜 운명」을 읽는 듯하다.

> 이 세상은
> 나쁜 사람들이 지배하게 되어 있다.
> ...
> '좋은' 사람들은 '지배'하고 싶어 하지 않고
> '지배'할 줄 모르며 그리하여
> '지배'하지 않으니까.

애기송엽국

따라서 '지배자'나 '지배행위'가 있는 한 이 세상의 불행은 그치지
않을 것이다.

서로 섬길 줄만 알고 '지배'라는 것을 아예 모르는 '좋은' 사람들의 나
라, 비폭력 평화의 물결이 구석구석 미치는 진리와 정의의 나라! 그 나
라가 바로 예수님이 '내 나라'로 규정하신 나라다. 예수님은 그 나라를
이루기 위해 십자가에 달리셨다.

사는 게 참 꽃 같아야

이 세상은 카이사르의 칼이 지배하는 곳, 진리와 정의가 부재하는 곳,
그야말로 "칼산 불바다"(노혜경, 『말하라, 어두워지기 전에』, 실천문학사, 112쪽)다.
성 아우구스티누스는 이렇게 말한다. "이 세상의 도성은 민족들을 지배
하고, 자체로 지배욕에 지배당하는 도성이다."(『The City of God』, I, Preface)
매시간 1,500명의 아이들이 굶어죽는 반면, 국가들이 1분마다 180만 달
러(대략 19억8천만 원)를 무기에 쏟아 붓는 곳이 이 세상이다.(미로슬라브 볼프,
『배제와 포용』, IVP, 441쪽) 그런 세상에서 그리스도를 왕으로 모시는 우리는
어찌 살아야 하는가? 만일 우리가 그런 세상에서 진리와 정의의 통치를
바란다면, 우리는 카이사르의 권력이 더는 존재하지 않을 그날, 칼을 쳐
서 보습을 만들 그날을 바라야 하지 않을까? 우리는 폭력과 완력이 곧
진리이고 정의인 세상에서 십자가에 달리신 예수님이 유일한 대안임을
믿는 사람들이다.

그렇다면 우리는 예수님의 진리에 속속들이 절여져야 옳다. 주님의
가르침에 대한 복종과 그 가르침대로 살아낼 의무가 실답게 수행되어

야 한다. 주님의 십자가는, 폭력에 대한 유일한 대안은 자기를 내어주는 사랑이며, 하나님이 진리와 정의를 붙드셨고 앞으로도 그러실 것이라고 확신하며, 누가 내 오른쪽 뺨을 치면 왼쪽 뺨까지 돌려대며(마 5:39) 그를 기꺼이 포용하려고 하는 태도임을 우리에게 가르친다.

엊그제 뉴스에서 이르기를, 대한민국에서는 두 집마다 한 집씩 가정 폭력이 발생한단다. 실로 충격적인 비율이 아닐 수 없다. 그 가정들의 구성원들이 그리스도의 가르침에 푹 절여져, 서로 자기를 내어주고, 서로 포용하는 쪽으로, 그래서 '조화'의 은총을 불러들이는 쪽으로 발걸음을 옮겨가면 참 좋겠다.

예수님의 진리에 절여지는 길은 먼 곳에 있지 않다. 지극히 가까운 데서 지극히 작은 것부터 예수님의 가르침대로 살아내는 게 중요하다. 한 시인은, 어떤 일이 몹시 언짢게 되었을 때 상스럽게 튀어나오는 욕을 명랑하고 환한 낱말로 전환시켜내는 부모를 보고 아주 절묘한 시를 읊조린다.

> 며느리도 봤응께 욕 좀 그만해야
> 정히 거시기해불면 거시기 대신에 꽃을 써야
> 그까짓 거 뭐 어렵다고. 그랴그랴
> 이런 꽃 같은!
> 이런 꽃나!
> 꽃까!
> 꽃 꽃 꽃

반나절도 안 돼서 뭔 꽃들이 그리도 피는지

봐야
사는 게 참 꽃 같아야

– 박제영, 「사는 게 참 꽃 같아야」 전문

사는 게 제 뜻대로 되지 않아 욕이 저절로 튀어나오는 세상에서 살고 있지만, 삶을 환한 꽃밭으로 변환시키는 길은 멀리 있지 않다. '꽃'이라는 지극히 작은 것 하나만 있어도, 그것에 푹 절여지기만 해도, 삶은 이내 맑고 밝고 고요해진다.

5장

다시 겨울

기다림의 시간

고마워, 고라니!

한 해의 끝자락에서

기다림의 시간

가을구근을 심으며

북새바람이 들이닥쳐 수은주를 영하권 가까이 끌어내리고, 정원 마당에 떨어진 잎사귀들이 갈피를 잡지 못하고 갈개치는 모습을 볼라치면, 정원사는 아직 할 일이 있음을 깨닫하게 된다. 이 시기는 정원사의 몸도 마음도 분주한 시기다. 히비스커스, 베고니아, 제라늄, 임파첸스, 거베라, 천사의 나팔, 패션플라워(시계초), 아부틸론, 두란타, 루셀리아(폭죽초), 에리스리나(홍두화), 란타나, 목(木)가자니아 등 월동이 안 되는 화분식물을 창고와 거실에 들이는 일, 수선화, 튤립, 알리움, 크로커스, 무스카리, 히아신스 등 알뿌리 식물을 노지에 심는 일이 남아 있는 것이다. 화분식물은 실내에 들여 겨우내 얼지 않도록 이따금 난방을 해주고, 추식구근은 이맘때 식재해야 한다. 그러지 않으면, 제아무리 재주 좋은 정원사라도 봄철에 저 꽃들을 볼 수 없다.

정원에서 꽃을 좀 더 오래 완상하려고 차일피일 미루다가 마침내 화분식물을 실내에 들였으니, 이제는 한데에 구근을 심을 차례. 정원사는 적어도 한두 철을 내다보고 정원을 가꾸는데, 늦가을이나 초겨울에는 봄꽃 구근들을 심어야 한다. 올해는 튤립과 수선화 구근만 구입했다. 튤립 개량종 구근은 화형(花形)과 빛깔이 크고 화려한 반면, 재래종 구근과 달리 번식이 잘 되지 않고 퇴화하는, 그래서 해마다 새로 구입해서 심어야 하는 소모성 구근이다. 튤립 구근은 지난봄 꽃피었던 자리에, 수선화 구근은 새로 정한 자리에 심기로 했다.

부지런한 정원사, 정원의 상태를 세심히 살피고 헤아릴 줄 아는 정원사는 정원 일을 거춤거춤 하지 않는다. 토양의 상태를 면밀히 살피지 않고서 꽃모종이나 구근을 더뻑 심는 법이 없다. 정원 일의 밑절미는 단연 토양 만들기다. 물 빠짐과 토질 향상을 염두에 둔 이 일이 먼저 이루어져야 정원의 화초를 제대로 그느를 수 있다.

사흘에 걸쳐 구근들을 식재할 구역들을 정하고, 그 구역들에 딱딱하게 굳어 있던 흙을 20센티미터 두께로 퍼냈다. 흙이 너무 딱딱하면 구근들을 심어도, 웃거름을 주어도 제대로 자라지 않기 때문이다. 퍼내어 마당에 더미로 쌓아올린 흙을 아내가 곱게 부수고, 잔돌까지 골라주었다. 곱게 부서진 흙을 상토 및 유박(油粕)과 골고루 섞었다. 상토와 배합한 흙이 참 폭신폭신해졌다. 완성된 배합토를 한 움큼 쥐고 코끝에 갖다 대자, 향기가 어찌나 깊고 그윽한지 가슴과 머릿속이 환해졌다. 또 하나의 흙덩이(창 3:19)이자, 마이스터 에크하르트의 말대로 또 하나의 밭인 — "속사람은 하나님이 자신의 형상을 심어 놓으시고, 좋은 씨를 뿌려놓으시고, 온갖 지혜와 온갖 예술과 온갖 덕과 온갖 선의 뿌리를 심어놓으신 밭이다."(「귀인에 대하여」에서) — 정원사를 이토록 환하게 해주는 흙이 고마워서 프리드리히 횔덜린의 글귀를 맹세 삼아 읊조렸다.

나는 저 엄숙하고 괴로워하는 대지(大地)에 숨김없이 내 마음을 바쳤다. 그리고 흔히 성스러운 밤이면, 대지가 진 숙명의 무거운 짐과 더불어, 두려움 없이, 죽는 날까지 대지를 성실히 사랑할 것과, 또 대지의 어떠한 수수께끼도 무시하지 않을 것을 대지를 향하여 맹세했다. 그리하여 나는 죽음의 끈으로 대지와 맺어졌다.

– 「엠페도클레스의 죽음」, 알베르 카뮈, 『반항인』, 한마당, 5쪽에서 재인용

구근들을 심기에 아주 맞춤한 상태가 된 배합토를 원래의 구덩이들에

가을구근을 심기 위한 자리

10cm 두께로 고르게 펴서 깔았다. 그런 다음 준비한 구근들을 일정한 간격으로 줄 맞추어 심고, 그 위에 다시 배합토를 10cm 두께로 덮었다. 식재할 구역을 정하면서 겉가량으로 구근들을 구입했는데, 식재해보니 자로 재며 셈한 듯 구근 개수가 더덜없이 딱 맞아 떨어졌다.

구근들을 품고 새뜻해진 대지를 보니 마음이 더없이 거늑해졌다. 대지를 찬찬히 둘러보며 묵상기도에 들었다.

낙원의 창조자시며 정원사의 모습으로 부활하셔서 모든 정원사의 으뜸이 되신 주님, 부디 이 알뿌리들이 아무 일 없이 겨울을 잘 나게 해주소서. 땅속 벌레들이 조금도 틈타지 못하게 하시고, 곰팡이도 일절 빌붙지 않게 해주소서. 생명의 창조자이신 주님께서 이 알뿌리들의 생명력을 힘차게 해주소서.

모르는 사람들이 언뜻 보면, 그 구역들은 아무것도 심지 않은 알땅으로 보일지도 모르겠다. 그래도 정원사는 불안하지 않다. 봄에 청초한 자태와 알록달록한 빛깔과 그윽한 향기를 뿜낼 구근들이 땅속 구석구석에 심겨져 동면에 들었음을 알기 때문이다. 이제 정원사에게는 봄꽃을 볼 때까지 지며리 수행하는 기다림과 그리움의 시간이 남아 있을 따름이다.

강림절을 맞아

이렇게 가을구근들을 심고 나니 진정한 기다림과 그리움의 의미를 마음속 깊이 아로새기게 하는 강림절이 바투 다가왔다. 세계에 이르는 길을 여시되, 세계에 편입되지 않으시고, 오히려 세계를 품어 안으신 진정한 들사람 예수님의 오심을 기다리는 절기! 강림절은 그야말로 깨어남의 절기요 대망(待望)의 절기라고 하겠다.

그런 강림절의 유래를 잠시 살펴본다. 서방전통의 교회 전례력은 강림절로부터 시작된다. 이 절기는 성 안드레아의 축일인 11월 30일에서 가장 가까운 날짜의 주일로부터 시작된다. 강림절은 4주 동안 지속되는데, 이렇게 강림절을 네 주간으로 확정지은 것은 6세기에 이루어진 일이다.

강림절을 뜻하는 Advent는 대강절, 대림절로도 불리지만, "오다, 도래하다"라는 뜻의 라틴어 동사 advenire의 명사형이다. 이는 물론 하나님께서 예수 그리스도의 모습으로 이 땅에 오심을 상기시키는 말이다. 그리스도의 오심은 과거의 경험이자, 현재의 경험이며, 동시에 미래의 경험이다. 그리스도는 오셨고, 오고 계시며, 다시 오실 것이기 때문이다. 강림절의 교회는 이렇게 시간의 모든 차원을 통하여 오고 계시는 하나님으로 가득 채워진다. 물론 그분의 오심은 간절한 기다림에 대한 은총의 선물이다.

따라서 교회는 오시는 그분을 맞아 모시기 위해 슬픔과 기쁨을 함께 경험하지 않으면 안 된다. 빛 중의 빛이신 분의 도래를 알리는 여명(黎明) 앞에서, 교회는 자신과 세상의 어둠을 슬퍼하고 탄식하게 되며, 이러한 슬픔과 탄식이 있기에 그분으로부터 주어지는 위로와 기쁨으로 희망을 다시 얻게 된다. 처음부터 그리스도교 교회는 강림절 가운데 앞의 두 주

간을 참회와 기도와 금식에 할애하고, 뒤의 두 주간은 위로와 희망과 기쁨에 젖어들도록 했다. 그래서 앞의 두 주간은 주로 회개의 메시지가 교회를 지배하고, 뒤의 두 주간은 희망과 환희의 메시지가 교회를 가득 채운다. 강림절의 엄격한 절제와 기도를 생략하고서는 성탄의 참된 의미와 즐거움을 이해할 길이 없다.

강림절의 기조

강림절을 어떤 자세로 지내야 할까? 물론 강림절의 주된 기조(基調)는 앞서 말한 대로 깨어남과 대망(待望)이다. 대망이란 "기다리며 바란다"는 뜻이다. 깨어남과 대망을 한 단어로 요약하면 "절절함"이 아닐까?

간혹 인생에 예고 없이 그늘이 드리워질 때가 있다. 하나님이 우리의 삶에서 빛을 거두어 가신 것 같은 암담함이 찾아올 때가 있다. 그렇게 어둠이 인생의 문을 두드릴 때, 대개는 "하나님이 나를 버리셨어", "하나님이 나를 잊으셨어", "나는 버림받았어." 하면서 스스로 무너져 내리고 만다. 제3 이사야는 그런 상황을 인상적으로 표현한다. "주님이 우리에게서 얼굴을 숨기셨다." 그러고는 그 원인을 다음과 같이 제시한다. "아무도 주님의 이름을 부르지 않는다. 주님을 굳게 의지하려고 분발하는 사람도 없다."(사 64:7) 주님을 굳게 의지하려고 분발하는 사람이 없다는 문장이 오래도록 마음갈피에 남는다. 나는 이 문장을 "절절함을 회복하라."는 촉구로 읽는다. 사람들이 주님을 굳게 의지하려고 분발하지 않는 까닭은 절절함이 없기 때문이다. 절절함이 없어서 주님의 얼굴을 보지 못하는 것인데도, 우리는 우리 자신을 탓하기는커녕 도리어 "하나님이 나를 버리셨어."라며 주님을 탓한다. 하지만 주님은 절절함을 간직한 사람을 반드시 만나주는 분이시다. 제3 이사야는 그것을 이렇게 표현한다. "주님께서는 정의를 기쁨으로 실천하는 사람과, 주님의 길을 따르는 사람과, 주님을 기억하는 사람을 만나 주신다."(사 64:5)

깨어 있기

우리에게 절절함을 요구하시는 하나님은 그리워하는 분이시다. 우리를, 그리고 이 세상을. 하나님이 품으신 그리움을 가장 잘 표현한 것이 바로 요한복음 3장 16절이다. "하나님께서 이 세상을 얼마나 사랑하셨는지, 그분은 하나뿐인 아들을 우리에게 주셨다. 그것은 아무도 멸망하지 않고, 그를 믿는 사람은 누구나 온전하고 영원한 생명을 얻게 하시려는 것이다."(『메시지』). 하나님은 또한 절절함을 결코 잃지 않는 분이기도 하시다. 하나님은 예레미야의 입술로 이렇게 말씀하신다. "오! 에브라임은 내 사랑하는 아들, 내 기뻐하는 자식이다! 그의 이름을 부르기만 해도, 나는 그가 보고 싶어 가슴이 탄다! 사무치게 그를 외쳐 부른다. 애틋한 심정으로 그를 기다린다."(렘 31:20, 『메시지』). 강림절은 하나님이 품으신 그리움과 절절함이 현실화되는 것을 기다리는 절기다. 이를테면 하늘이 땅으로 투신하고, 신성이 인성을 겨냥하는 것을 대망하는 것이다. 하늘이 땅으로 투신하고, 신성이 인성을 겨냥하는 까닭은 땅을 하늘로 만들고, 인간을 신화(神化)하려는 것이다.

마가복음에서 예수님은 그리움과 절절함을 품고 오시는 주님을 기다리는 데 가장 적합한 자세가 어떤 것인지를 밝히신다.

> 주인이 갑자기 와서 너희가 잠자고 있는 것을 보게 되는 일이 없도록 하여라. 내가 너희에게 하는 말은 모든 사람에게 하는 말이다. "깨어 있어라."
>
> – 막 13:36-37

"잠자고 있는 것"이란 표현이 눈길을 잡아끈다. 여기서 말하는 잠은 어떤 잠일까? 육체의 잠을 의미할까? 여기서 말하는 잠은 영적인 잠, 곧 절절함을 잃어버린 상태를 의미하는 것 같다. 무언가에 정신이 팔려, 모든 시공간에 계시는 하나님을 생생히 감지하지도 못하고, 그분을 굳게 붙잡지도 못하고, 그분을 맛보아 알지도(시 34:8) 못하는 상태. 함석헌 시인은 그런 상태를 다음과 같이 표현한다.

내 마음 다 팔았고나!
다 팔아먹었고나!
아버지가 집에서 나올 때
채곡채곡 넣어주시며
잃지 말고 닦아내어
님 보거든 드리라
일러주시던 그 마음
이 세상 길거리에서 다 팔아먹었고나!

…

속았구나!
세상한테 속았구나!
그 사탕에 맘 팔고,
그 옷에 맘 팔고,
고운 듯 꾀는 눈에
뜨거운 맘 다 팔고
피리 소리 좋은 듯해
있는 맘 툭 털어주고 샀더니
속았구나,
속없는 세상한테 속았구나!

　　　　　　　　　　　　　– 「내 마음 다 팔았고나」 부분

예수님은 우리가 시인처럼 비참한 상태에 처하지 않으려면 절절함을 절대로 잃지 말아야 한다는 뜻으로 이렇게 말씀하신다. "깨어 있어라." 절절함을 품은 사람만이 깨어 기다릴 수 있고, 깨어 기다리는 사람만이 절절함을 지속적으로 유지할 수 있다. 이 상태에 이른 사람이라야 비로소 자기 내면의 중심을 사랑하는 임에게로 온전히 옮겼다고 할 수 있다. 그래서 함석헌 시인은 자기 마음을 향해 이렇게 채근한다.

저 님이 가시기 전,
저 님이 저 언덕을 아주 넘으시기 전,
가자, 내 맘아,
팔다가 남은 부스러기라도 모아 가지고
가서 바치자.
받으시거나 아니 받으시거나
발 앞에나 쓰러지자!

그야말로 절절함의 회복이다.

그러면 절절함을 품고 깨어 기다리는 사람은 현실세계에서 어찌 살아가야 하는가? 그는 자기가 딛고 선 삶터를 주님이 맡겨주신 주님의 밭(ager Domini)으로 여기고, 장차 주님이 그 밭에 반드시 찾아오실 것이라고 확신하며(막 13:34), 그 밭을 과수원 내지 정원처럼 낙원을 얼핏 보여주는 곳으로 일구어갈 것이다.(겔 36:34-35) 그리고는 마침내 아가서에 등장하는 남녀처럼 주님을 다음과 같이 손짓하며 부를 것이다.

나의 사랑 그대, 일어나오.

나의 어여쁜 그대, 어서 나오오.

겨울은 지나고,

비도 그치고, 비구름도 걷혔소.

꽃 피고 새들 노래하는 계절이

이 땅에 돌아왔소. …

나의 사랑, 멋있어라.

나를 이렇게 황홀하게 하시는 그대!

우리의 침실은 푸른 풀밭이라오.

우리 집 들보는 백향목,

우리 집 서까래는 전나무라오.

- 아가 1:16-17, 2:10-12

　절절함을 생생히 품고 깨어 기다리면서, 삶터를 낙원을 얼핏 보여주
는 곳으로 가꾸어, 그곳으로 뛰어드시는 주님을 기필코 만나리라 다짐
하니, 겨울의 초입인데도 벌써 봄이 온 듯 몸도 마음도 후끈 달아오른다.

고마워, 고라니!

　겨울 정원의 분위기는 쓸쓸하기 그지없다. 된바람이 수시로 불고, 나무들은 졸가리만 남아 있다. 낙엽은 우중충하니 삭아가고, 대지는 맨살을 드러낸 채 추위에 벌벌 떤다. 알땅은 아무리 보아도 황량해 보여서 그 속에 무언가가 심겨져 있음을 믿지 못할 정도다. 피라칸타, 호랑가시나무, 남천 등의 열매들이 붉게 익고, 차나무와 비파나무와 팔손이가 흰 꽃을 피워 쓸쓸함을 덜어주기는 하나, 겨울 정원의 전반적인 분위기는 스산함이다.

　'겨울 나그네'처럼 '비밀의 정원'을 바장이다가 창고로 발걸음을 뗐다. 한데서 월동하지 못하는 식물들이 겨우내 우거하는 곳이다. 아주 추운 날은 라디에이터로 난방도 해주는 곳, 오후에만 볕이 잠깐 드는데도 꽃을 보여주는 곳이다. 히비스커스, 란타나, 루셀리아(폭죽초), 두란타, 베고니아가 피어 있다. 꽃들의 상태를 살피며 묵은 잎을 따주는데, 서창(西窓) 밖 갓 밭으로 뭔가 커다란 덩치가 뛰어오르는 게 보였다. 뭔 일인가 싶어, 창문 — 발포 비닐 랩을 씌워 흐릿하다 — 을 통해서 보니 고라니였다. 이따금 '비밀의 정원'에도 발자국을 또렷이 찍어놓고 가던 고라니! 가슴이 마구 두방망이질을 해댔다.

뜻밖에 다가온 경이의 순간을 놓칠 수 없어서 슬그머니 서재로 가 카메라를 내왔다. 고라니는 여전히 이웃집 갓 밭에 대가리를 박고 갓 순을 우적우적 씹느라 여념이 없었다. '들키지 않아야 할 텐데!' 나는 고라니에게 눈길을 모으면서 발꿈치를 들고 발맘발맘 다가가, 창고 옆 전봇대 뒤에 웅크리고 앉았다. 고라니와 카메라 사이의 거리는 불과 10여m! 렌즈 조리개를 조절하고 셔터를 거푸 눌렀다. 찰칵! 찰칵! 소리가 들렸나? 고라니가 고개를 반듯이 치켜들고 두 귀를 쫑긋 세웠다. 송곳니가 없으니, 암컷이었다. 몸통 전체가 깔밋했다. 고라니는 미동도 없이 소리 나는 쪽을 한동안 주시했다. 코와 두 눈이 영락없는 머루 빛깔이었다. 고라니의 두 눈과 카메라 렌즈의 팽팽한 대치(對峙)! 시간의 멈춤(suspended time) 그 자체였다. 그 순간 정원사의 온몸은 얼음처럼 굳어버리고 말았다. 숨이 멎는 듯했다. 똑딱똑딱! 시간이 소리 없이 지나면서 속에서 둥둥 북소리가 빨라지고, 가슴이 터질 것 같았다. 가쁜 숨소리를 감지한 것인가? 아쉽게도 고라니는 갓나물 성찬(盛饌)을 뒤로하고 펄쩍펄쩍 뛰어 푸서리 너머 대숲으로 숨어들고 말았다.

하지만 팽팽한 대면(對面)의 경험은 쉬 사라지지 않았다. 두 눈동자와 두 눈동자의 대치와 정지된 시간이 사진에 그대로 담겨 있고, 가슴 뛰던 그 순간의 경험도 마음갈피에 새겨져 있다. 그래서일까? 마음이 어제와 같지 않다. 갈데없이 새뜻하다!

자칫 연말의 잦은 행사와 만남으로 진동한동 지내며 가리사니를 잡

고라니

지 못할 뻔했는데, 마음눈마저 흐려져 눈앞의 모든 것을 희부옇게 볼 뻔했는데, 놀람과 감탄의 능력을 잃은 채 시르죽어 지낼 뻔했는데, 고맙게도 펄떡이는 생명이 다가왔다. "생명 자체는 고귀하고, 기쁨으로 가득 차 있고, 강력하다."는 마이스터 에크하르트의 메시지를 떠올리게 하면서.

(『Deutsche Werke Ⅲ』, W. Kohlhammer Verlag, S. 570)

생명 자체이신 분(요 14:6)을 대망하는 강림절기! 이 절기에 불쑥 다가와, 매사를, 눈앞에 펼쳐진 세계를 신비를 대하듯 놀람과 감탄으로 마주하게 하고, 생명의 신비에 마음을 모으게 해준 고라니 자매에게 인사를 보낸다. "고마워, 고라니!"

한 해의 끝자락에서

거춤거춤 살다 보니 어느덧 한 해의 끝자락에 이르렀다. 이맘때가 되면 아무리 무감하고 목석같은 사람이라도 잠시나마 뒤를 돌아보리라. 지난날을 되돌아보며 회한에 젖어들거나, 한 해 살림을 결산하며 자기 반성을 수행하는 거다. "쇠털같이 많은 세월 엄부렁하게 살았는데, 어느덧 섣달그믐을 맞고 말았어. 무언가를 이루려고 용을 쓰긴 했는데, 안팎으로 이룬 게 별로 없어서 한심하군. 여봐란듯이 만족스레 내놓을 건 없고, 남은 거라곤 줄가리에 매달려 대롱거리는 마른 잎처럼 빈약하고 엉성한 것뿐이니, 쏜살같이 흘러간 시간을 되돌릴 수도 없고, 이를 어쩌지?"

무심히 흐르는 강줄기 같고, 그래서 마디가 전혀 없는 것 같지만, 사실 시간에는 대나무 마디 같은 빗금이 그어져 있다. 그 빗금을 가리켜 우리는 절기라고 부른다. 지금 우리는 스물네 절기의 하나인 동지(冬至)를 지나 세밑에 당도해 있다. 한파마저 기승을 부리는 세밑은 어쩌나 살천스러운지 마치 갈고리를 움켜쥔 전사(戰士) 같다. 누구에게나 사정없이 다가들어 "어딜 가려고? 일단 이쯤에서 아퀴를 지어야지!"라며 덥석 사람의 뒷덜미를 잡는다. 아퀴를 짓지 않고 반거충이로 새해 새아침을 맞이해선 안 된다는 거다. 그렇게 뒷덜미를 잡히면 누구라도 시르죽어 뒤를 돌아볼 수밖에 없다. 지난 삶을 회고하며 후회의 한숨을 쉬거나 모자라는 부분을 점검하고 더 나은 삶을 다짐하는 거다. 그런 까닭에 회한과 자책으로 이어지든, 옹골찬 개선의 다짐으로 이어지든, 한 해의 끄트머리에서 겸허히 자기를 돌아보는 것은 참으로 바람직한 일이다.

엊그제 나는 세밑 갈고리에 꿰여 갈고리가 이끄는 대로 '비밀의 정원' 옆에 자리한 계동바닷가 몽돌무지를 한동안 바장였다. 북새바람이 불 때마다 찬기가 와락 달려들었다. 바닷물에 뛰어들어 자맥질하고 나온 듯 얼굴과 눈시울과 귓바퀴가 얼얼했다. 비릿한 한기까지 콧속으로 파고들어 시르죽은 내 마음을 갈데없이 상쾌하게 했다. 칼바람이 훑어가는 곳마다 물도 덜덜 떠는지, 잔잔하던 수면이 파문을 지으며 우르르 돈아났고, 물빛은 누군가 여기저기 쪽을 풀어 휘저어 놓은 듯 짙고 옅음을 갈마들며 남빛을 지어 보였다. 발밑에선 무수한 파도와 영겁의 세월이 어루만져 만든 몽돌들이 발의 무게를 이기지 못하고 서로 몸을 비벼대며 굴렀다. 자그락자그락! 몽돌 구르는 소리가 참 경쾌했다. 모든 게 신비였다. 계동바닷가는 누구나 활짝 열린 상태로 거닐기만 하면 그의 오감을 파고들어 묘한 신비감을 자아낸다.

나는 바닷가의 몽돌무지를 거닐면서 니코스 카잔차키스의 『성 프란시스』(고려원)를 떠올렸다. 작품 속 성 프란시스는 레오 형제에게 이렇게 말한다.

모든 것이 다 기적이지요. 우리가 마시는 물이며, 우리가 밟는 땅이며, 매일 밤이면 별들과 함께 우리 위로 내리는 밤은 무엇인가요? 태양은 또 무엇이며 달은 무엇이던가요? 그 모든 것들이 기적이 아니던가요? 가장 비천해 보이는 나뭇잎을 보십시오. 빛 가운데서 그것을 자세히 보세요. 대단한 기적이 아닙니까! 십자가에 못 박히신 주님이 그 안쪽에 그려져 있어요. 그 잎을 반대쪽으로 뒤집을 때 보이는 것이 그것이지요. 부활하신 주님!(299쪽)

레오 형제, 이 얼마나 대단한 기적인가요! … 매일같이 일어나는 기

계동바닷가

적들을 보지 못하다니, 얼마나 무감각하고, 얼마나 눈먼 사람들인가!
한 송이의 포도, 그것은 얼마나 신비스러운 것인가!(329쪽)

같은 작가의 『그리스인 조르바』(열린책들)도 떠올렸다. 어린아이처럼
무엇이든 낯설게 보고, 깜짝깜짝 놀라고, "왜? 어째서?"라는 물음표를
끊임없이 던지는 사람, 아침에 눈을 뜰 때마다 나무와 바다와 돌과 새
를 보고 놀라며 "이 기적은 무엇이지요? 이 신비가 무엇이란 말입니까?
나무, 바다, 돌, 그리고 새의 신비는?" 하고 소리치는 사람 조르바!(263쪽)
그는 토머스 베리가 말한 대로, "생명체가 없는 목성에서 살다가 어젯밤

에 지구로 이민 와서 오늘 아침 지구에서 첫날을 맞이하는 눈으로 세상의 기적을" 보는 사람이다.

　새해가 이틀 앞으로 다가왔다. 그만큼 새봄도 가까이 다가오고 있을 것이다. 새봄 '비밀의 정원'은 어떤 기적을 펼쳐 보일까? 자못 궁금하다. 새해에는 성인처럼 그리고 조르바처럼 모든 것을 기적을 대하듯 특별하게 보고, 아이처럼 놀람과 감탄을 연발하면서 생의 신비를 더 실감나게 마주하리라 다짐했다. 때마침 파도가 몽돌무지를 어루만졌다. 몽돌들이 서로 몸을 비벼대며 소곤거렸다. 사그락 사그락!

파도와 몽돌

광대한 하늘을 우러러

마음이 갈데없이 고양되는 순간

흔히들 여행을 하다보면 마음이 갈데없이 고양되거나 정화되는 순간이 있다고 한다. 막힘없이 탁 트여 하늘과 맞닿은 바다, 올멍줄멍 섬들을 품고 호수처럼 잔잔한 수면에 시푸른 하늘빛을 고스란히 품은 바다, 해발 수천 미터 고지에 자리하여 물의 뼛속까지 훤히 들여다보이는 호수, 어찌나 광활한지 산이나 구릉을 도무지 찾아볼 수 없는 일망무제의 벌판을 마주할 때면, 아무리 목석같고, 아무리 꼭꼭 걸어 잠근 마음이라도 더는 어쩌지 못하고 빗장을 풀 수밖에 없다는 것이다. 조선의 문호 연암 박지원은 그런 공간과 장소를 호곡장(好哭場), 곧 "한바탕 울 만한 자리"로 표현한다. 북경 사행(使行) 길에 따라나서서 난생 처음 산해관까지 1천2백 리 어간 "사면에 한 점 산도 볼 수 없고 하늘가와 땅 끝"이 "풀로 붙인 듯, 한 줄로 기운 듯 비바람 천만 년이" 그 "속에서 창망할 뿐"인 요동 벌판을 마주하여 "사방을 휘둘러보다가" 자기도 "모르게 손을 들어 이마에

대고" 토해낸 표현이 호곡장이다.(『열하일기 上』, 보리, 109-112쪽) 맺힌 감정을
활짝 풀 수 있는 곳, 일생에 있을까 말까 한 지극한 기쁨을 더없이 시원
한 통곡으로 풀어 놓을 만한 곳, 그곳이 바로 호곡장이다.

하지만 꼭 머나먼 곳으로 떠나야만 마음의 고양과 정화를 경험할 수
있는 것은 아니다. 평소 낯설게 보기와 새롭게 보기를 꾸준히 연마한 사
람이라면 익숙한 사물이나 풍경 혹은 낯익은 공간을 접하고도 그런 고
양과 정화를 경험할 수 있다. 예컨대 우리네 삶터 위에 펼쳐진 밤하늘도
그런 공간 가운데 하나라고 할 수 있다. 여러분은 밤하늘을 얼마나 자주
우러러보시는가? 나는 거의 매일 밤 '비밀의 정원'에 나가서 밤하늘을
우러러보는데, 간혹 밤하늘의 별들이 갈릴리교회 지붕 위로 바짝 내려
앉는 때가 있다. 그때의 밤하늘은 손만 뻗으면 별들을 한 아름 따 안을
수 있을 것 같은 착각을 일으키기도 한다. 그런 순간을 접하면, 나도 모
르게 마음속에서 두려움과 경외의 감정이 솟구치곤 한다. 밤하늘을 수
놓으며 두 눈 속으로 쏟아져 들어올 것 같은 무수한 별들과 말없이 교
감하다보면, 왠지 모르게 마음이 맑아지고 밝아지고 고요해진다. 그러
면서 저 유명한 글귀를 떠올리게 된다. "생각하면 생각할수록 내 마음을
점점 더 새로운 경탄과 외경으로 가득 채우는 것이 둘 있다. 내 위에서
별이 빛나는 하늘과 내 안에 있는 도덕률이 그것이다." 평생토록 독일
쾨니히스베르크를 벗어난 적이 없었다는 임마누엘 칸트가 『실천이성비
판』 종결부에서 한 말이다. 때로는 밤하늘의 별들을 헤아리면서 "별 하
나에 아름다운 말 한마디씩 불러"(「별 헤는 밤」) 본다던 윤동주 시인의 「서
시」를 읊조리기도 한다.

죽는 날까지 하늘을 우러러
한 점 부끄럼이 없기를,
잎새에 이는 바람에도
나는 괴로워했다.
별을 노래하는 마음으로
모든 죽어가는 것을 사랑해야지
그리고 나한테 주어진 길을
걸어가야겠다.

오늘 밤에도 별이 바람에 스치운다.

그러고 보니 윤동주 시인의 「서시」와 앞서 이야기한 칸트의 글귀가 묘하게 겹친다.

밤하늘과 그 속에 떠 있는 별들이 그것들을 우러러보는 이에게 경탄과 외경의 감정을 자아내고, 부끄럼 없는 삶과 사랑의 삶을 다짐하게 하고, 그 사람 고유의 길을 걷게 하는 것은, 성서신학자 게르하르트 폰 라트의 말대로 "창조세계는 존재할 뿐만 아니라 진리도 방출"하기 때문이며, 노리치의 줄리안이 말한 대로 "하늘과 땅과 모든 피조물은 위대하고 관대하고 아름답고 선하며, 하나님의 모든 피조물과 그분의 신성한 작품 속에는 그분의 선(善)이 가득 차서 끊임없이 흐르고" 있기 때문이다. 그러니 우리는 할 수만 있으면 자주 밤하늘과 그 속에 떠 있는 별들을 우러러보아야겠다.

창조주의 장엄한 영광을 보다

시편 8편에서 시편 작가는 캄캄하고 광대한 밤하늘과 그 속에 보석처럼 박힌 달과 별들을 우러러보면서 경탄과 외경을 넘어 찬양으로 나아간다. "주 우리 하나님, 주님의 이름이 온 땅에서 어찌 그리 위엄이 넘치는지요?"(1절) 밤하늘과 달과 별들을 우러러보며 그것들을 "손수 만드신"(3절) 창조주 하나님을 알아보고 그분 이름의 아름다움을 노래하다니, 시편 작가는 눈이 참 맑은 사람이다. 하나님은 그렇게 맑은 눈을 찾고 계신다. 시편 작가가 "주의 영광이 하늘을 덮었나이다."라고 한 것처럼, 만물을 보면서 창조주의 장엄한 영광을 보는 눈! 하나님은 바로 그 눈으로 우리를 보신다. "하나님은 내가 사물을 보는 그 눈으로 나를 보신다."(마이스터 에크하르트) 우리가 일상생활의 모든 소재에서 그 속에 깃든 신성을 알아보기만 한다면, 이는 곧 하나님께 맑고 투명한 눈을 선사해드리는 셈이 될 것이다.

무엇을 보든 그 속에서 하나님을 알아보는 눈은 충만한 기쁨을 누리게 마련이다. 하나님을 뵙고 싶어 한 빌립이 "주님, 우리에게 아버지를 보여주십시오. 그러면 좋겠습니다."(요 14:8)라고 했듯이, 만물 속에서 하나님을 보는 것보다 더 큰 기쁨은 없기 때문이다. 경건한 신앙인의 눈은 마법을 부린다. 그의 눈은 견디기 어려운 어둠과 참기 힘든 고통 속에서도 하나님을 알아본다. 그의 눈길이 닿는 곳, 그의 눈길이 초점을 모으는 곳마다 맑고 투명하게 비치시는 하나님이 드러난다. 그의 눈은 만물 안에서 투명하게 비치는 하나님께 고정되어 있는 까닭에, 자기를 에워싼 만물이 자기를 하나님께로 인도하는 길잡이라고 생각한다. 그의 눈에는 "만물이 그에게 등을 돌려대고 하나님을 바라보는 것"(아브라함 헤셸)으로만 보인다. 그래서 그는 만물 속에서 하나님을 보는 충만한 기쁨을 놓치지 않는다.

인간의 자리

시편 작가는 광대한 밤하늘과 그 속에 보석처럼 박힌 달과 별들을 우러러보다가 자기에게로 눈길을 옮긴다. 자기 모습이 한없이 작아 보여서 깜짝 놀란다. 그런 다음 그렇게 보잘것없는 자기를 알뜰히 생각해주시고 살뜰히 살펴주시는 주님의 사랑에 또 한 번 놀란다. 그는 주님의 사랑을 이렇게 노래한다. "주님께서는 그를 하나님보다 조금 못하게 하시고, 그에게 존귀하고 영화로운 왕관을 씌워 주셨습니다."(5절) 여기서 왕관은 만물을 다스리는 권한을 상징한다.

"다스리게 하셨다"(8절)는 번역이 참 좋다. 나는 지배와 통치보다는 "다스림"이라는 개념을 좋아한다. "보살펴 관리하다"라는 뜻을 담고 있기 때문이다. 신학자 샐리 맥페이그는 이 세계를 하나님의 몸으로 뜻매김한다. 하나님의 몸에 필요한 것은 섬김, 돌봄, 보살핌을 내포한 "다스림"이지 지배와 통치가 아니다. 그런데도 우리 인간은 그동안 다스림보다는 지배와 통치에 초점을 맞추고 왕권을 행사해왔다. 그런 왕권은 정복 및 착취와도 맞닿아 있다. 하나님의 몸은 자원이 한정되어 있는데도, 수요가 무한하니 생산과 성장도 무한해야 한다고 여기는 팽창주의자들에 의해 끊임없이 착취당해왔고, 결국 온몸이 만신창이가 되고 말았다. 하나님의 몸에 섬뜩한 쇳덩이를 들이대는 왕권의 행사를 뒷받침한 것은 창세기 첫 장의 "땅을 정복하라. … 모든 생물을 다스리라."(1:28)는 구절을 돌봄과 섬김의 다스림이 아닌 정복자의 통치로 해석하고, 예수 그리스도의 구원사역을 인간만을 위한 구원사역으로 해석한 신학이었다. 그 신학은 지금도 물질적 기복신앙을 꼬드기는 교회들 안에서 절찬리에 판매되면서, 하나님의 몸을 강탈하는 강도들의 뒷배 역할을 하고 있다. 4대강을 죽음의 강으로 만들어버린 이명박 전 대통령, 파리기후변화협정 탈퇴를 선언한 트럼프 미대통령은 모두 그 신학이 만들어낸 끔찍한 괴물, 그야말로 "포도원을 망가뜨리는 여우"(아 2:15)라고 할 수 있다.

하나님의 몸, 곧 이 지구촌의 주인은 하나님이지 인간이 아니다. 인간은 하나님의 몸을 보살피며 관리하라고 부름 받은 청지기에 지나지 않는다. 젤랄렛딘 루미는 그 사실을 아주 명료하게 표현한다. "우리는 뜨내기일 뿐 촌장이 아니다. 우리는 천한 머슴일 뿐 감독자가 아니다."(『루미 평전: 나는 바람, 그대는 불』, 늘봄, 106쪽) 주인 행세를 하는 것은 인간의 설 자리가 아니다. 머슴의 역할에 충실한 것이 인간의 설 자리다.

에덴 프로젝트(Eden Project)

그러면 어떻게 하는 것이 머슴의 역할에 충실한 것일까? 태곳적 인류 아담에게 부여된 성소(聖召)를 회복하면 된다. 그것은 다름 아닌 정원사의 소임이다. 창조주 하나님께서는 손수 창조하신 아담을 데려다가 에덴에 두시고, 그곳을 맡아 돌보게 하셨다.(창 2:15) 인류의 대명사 아담에게 부여되었던 것이니만큼, 정원사의 소임은 모든 인간이 1차적으로 회복하고 맡아야 할 소임이라고 하겠다. "아담은 낙원을 떠나면서 낙원 한 조각을 가져갔다. 인간의 영혼 속에는 아담이 가져갔던 낙원 한 조각이 메마른 이 세상에 대한 기억보다 훨씬 깊이 아로새겨져 있다."(비겐 구로얀, 『정원에서 하나님을 만나다』, 복있는사람, 71쪽). 나는 정원사의 소임을 이렇게 새긴다. 이를테면 우리가 딛고 선 삶터와 우리를 둘러싼 환경을 하나님이 맡겨주신 주님의 밭으로 여기고, 그 밭을 정성껏 일구고 보살펴, 낙원을 얼핏 보여주는 정원으로 만드는 것이다. 에스겔 예언자는 그것을 이렇게 말한다. "이전에는 지나가는 사람들이 황폐한 땅을 보며 지나다녔으나, 이제는 그곳이 묵어 있지 않고, 오히려 잘 경작된 밭이 될 것이다. 그래서 사람들이 말하기를, 황폐하던 바로 그 땅이 이제는 에덴 정원처럼 되었다고 할 것이다."(겔 36:34-35) 우리는 정원사의 소임을 에덴 프로젝트(Eden Project)로 명명할 수도 있을 것이다. 누군가 나에게 "무엇이 우리 시대에 가장 절실한 프로젝트인가?"라고 묻는다면, 나는 주저하지 않고 에덴 프로젝트를 꼽겠다. 이 프로젝트를 등한히 할 때, 하나님의 몸을 구성하는 생명들의 미래는 없을 것이므로.

시편 작가는 하나님께서 우리에게 에덴 프로젝트를 맡겨주셨음을 깨닫고 가슴이 벅차오른다. 에덴 정원을 조성하신 하나님, 정원 일의 대가이신 하나님의 형상대로 지음 받은 우리가 그분과 함께 에덴을 일구는 동료 정원사임을 자각했기 때문이다. 그래서 그는 다시 한 번 창조주 하나님을 찬양한다. "주 우리 하나님, 주님의 이름이 온 땅에서 어찌 그리 위엄이 넘치는지요?"(9절)

지금 우리 앞에는 생명을 경시하는 배금주의와 무자비한 자본주의 질서가 완강히 버티고 선 채 하나님의 몸을 파괴하고 있다. 그 질서가 만물이 올 수밖에 없는 상황을 야기하고 있지만, 하나님은 그 거대한 흐름에 주눅 들지 말고 당당히 맞서 정원사의 길을 걸으라고, 에덴 프로젝트를 꼭 성취하라고 우리를 부르셨다. 우리 모두 그 부르심에 기꺼이 응답하여, 생명을 철저히 긍정하고, 딛고 선 곳을 조화로운 정원으로 만들고, 벅찬 가슴으로 "주 우리 하나님, 주님의 이름이 온 땅에서 어찌 그리 위엄이 넘치는지요?" 하고 찬양하는 정원사들이 되면 좋겠다.

인명색인

R. 오르톨라니(R. Ortolani) ⋯ 185

T. S. 엘리엇(T. S. Eliot) ⋯ 154

W. H. 오든(W. H. Auden) ⋯ 81

게르하르트 폰 라트(Gerhard von Rad) ⋯ 223

고바야시 잇사(小林一茶) ⋯ 179

기타모리 가조(北森嘉蔵) ⋯ 167

김기택 ⋯ 149

김영민 ⋯ 195

나태주 ⋯ 153

노리치의 줄리안(Julian of Norwich) ⋯ 23, 223

노자(老子) ⋯ 104

노혜경 ⋯ 198

니코스 카잔차키스(Nikos Kazantzakis) ⋯ 217

다니카와 슌타로(谷川俊太郎) ⋯ 170

도스토예프스키(F. M. Dostoevskii) ⋯ 53

도종환 ⋯ 71, 176

디트리히 본회퍼(Dietrich Bonhoeffer) ⋯ 51, 62, 187

롤런드 왓킨스(Rowland Watkyns) ⋯ 22

류시화 ⋯ 179

마더 테레사(Mother Teresa) ⋯ 142

마르틴 부버(Martin Buber) ⋯ 97, 153

마이스터 에크하르트(Meister Eckhart) … 12, 42, 49, 54, 59, 83, 94, 109, 117, 127, 132, 152, 157, 158, 166, 171, 187, 203, 215, 224

매들린 렝글(Madeleine L'Engle) … 80

매튜 폭스(Matthew Fox) … 56, 78, 137, 166, 176

메히틸트 폰 마그데부르크(Mechtild von Magdeburg) … 84

미로슬라브 볼프(Miroslav Volf) … 198

미하일 불가코프(Mikhail Afanasyevich Bulgakov) … 196

박제영 … 200

박지원 … 221

백석 … 158

백창우 … 92

비겐 구로얀(Vigen Guroian) … 56, 227

비니시우스 G. 모라이스(Vinicius de Moraes) … 38

샐리 맥페이그(Sallie Mcfague) … 72, 107, 225

성 아우구스티누스(St. Augustinus) … 198

성 프란치스코(St. Franciscus) … 112, 185

셸 실버스타인(Shel Silverstein) … 188

숀 맥도나휴(Sean McDonagh) … 10, 116

신동엽 … 27

아브라함 헤셸(Abraham J. Heschel) … 225

아이다 미츠오(相田みつを) … 95

안네마리 쉼멜(Annemarie Schimmel) … 72

알베르 카뮈(Albert Camus) … 204

알프레드 테니슨(Alfred Tennyson) … 50

앙겔루스 질레지우스(Angelus Silesius) … 127

에버하르트 아놀드(Eberhard Arnold) … 131

엠페도클레스(Empedocles) … 204

윌리엄 블레이크(William Blake) … 85

윌리엄 템플 경(Sir William Temple) … 61

유진 피터슨(Eugene Peterson) … 75, 140

윤동주 … 148, 222, 223

이성선 ··· 73

이재무 ··· 147

이창희 ··· 92

인디언수니 ··· 28, 29

임마누엘 칸트(Immanuel Kant) ··· 222, 223

임의진 ··· 29

자크 프레베르(Jacques Prévert) ··· 181

장석남 ··· 36

장일순 ··· 168

정진규 ··· 57, 58, 162

정현종 ··· 33, 154, 197

정호승 ··· 37

젤랄렛딘 루미(Dschelaleddin Rumi) ··· 10, 25, 48, 72, 128, 226

조재도 ··· 97

조지프 캠벨(Joseph Campbell) ··· 74

카렌 호르나이(Karen Horney) ··· 83

카비르(Kabir) ··· 47

클로드 케텔(Claude Quetel) ··· 173

토마스 아 켐피스(Thomas a Kempis) ··· 154

토머스 머튼(Thomas Merton) ··· 176

토머스 베리(Thomas Berry) ··· 10, 98, 112, 219

토머스 트래헌(Thomas Traherne) ··· 24

파울로 코엘료(Paulo Coelho) ··· 20, 96

프란츠 알트(Franz Alt) ··· 72

프리드리히 횔덜린(Friedrich Hölderlin) ··· 204

한대수 ··· 124

함석헌 ··· 209, 211

헤르만 헤세(Hermann Hesse) ··· 182

헨리 러더퍼드 엘리엇(Henry Rutherford Elliot) ··· 79

힐데가르트 폰 빙엔(Hildegard von Bingen) ··· 34, 100, 116, 135, 150

성서색인

구약성서

창 1:3 … 77
창 1:11-13 … 121
창 1:28 … 107
창 2:8 … 62
창 2:15 … 22, 226
창 3:8 … 12
창 3:19 … 63, 203
창 21:1-7 … 81
레 21:11 … 108
수 6:1-5 … 174
삿 9:14-15 … 118
대하 20:12 … 36
시 8:1 … 224
시 8:3 … 224
시 8:5 … 225
시 8:8 … 225
시 8:9 … 227
시 34:8 … 135
시 117:2 … 42

시 120:6 … 38
시 120:7 … 35
시 139:14 … 150
전 3:1 … 18
아 1:6 … 61
아 2:1 … 60
아 1:16-17, 2:10-12 … 292
아 2:15 … 226
사 2:2-5 … 72
사 2:3 … 75
사 2:4 … 75
사 64:5 … 208
사 64:7 … 288
사 66:1 … 72
렘 31:20 … 209
겔 34:14 … 69
겔 36:34-35 … 20, 211, 227
호 2:14-15 … 40

외경

집회서 40:1 … 63

신약성서

마 2:2-3, 16 … 33
마 5-7장 … 193
마 5:1 … 75
마 5:7 … 179
마 5:14 … 100
마 5:39 … 199

마 5:45 ··· 94, 137

마 6:6 ··· 154

마 6:10 ··· 64

마 6:33 ··· 194

마 9:36 ··· 54, 178

마 20:34 ··· 54, 178

마 21:33-44 ··· 24

마 22:37 ··· 194

마 23:37-39 ··· 172

마 25:31-46 ··· 174

마 25:35-36 ··· 69

마 26:39 ··· 53

마 26:52 ··· 53, 194

막 1:40 ··· 54, 178

막 2:17 ··· 128

막 10:46-52 ··· 174

막 13:1 ··· 172

막 13:2 ··· 173

막 13:34 ··· 211

막 13:36-37 ··· 209

눅 1:13 ··· 54, 178

눅 4:18-19 ··· 194

눅 6:36 ··· 53, 171, 194

눅 7:36-50 ··· 140

눅 7:39 ··· 140

눅 7:44-47 ··· 141

눅 10:30-34 ··· 105, 106

눅 10:37 ··· 109

눅 10:42 ··· 24

눅 11:33-36 ··· 152

눅 19:5 ··· 33

요 1:3-4 ··· 83

요 3:16 ··· 208

요 4:14 ··· 126

요 7:37 ··· 126

요 8:12 ··· 29

요 12:24 ··· 51, 65

요 12:25 ··· 51

요 14:6 ··· 215

요 14:8 ··· 224

요 15:1 ··· 133

요 18:1 ··· 47

요 18:2 ··· 67

요 18:37 ··· 193

요 18:38 ··· 193

요 19:41-42 ··· 51, 67

요 20:15 ··· 22, 46, 67, 121

롬 8:6 ··· 164

롬 12:2 ··· 195

롬 12:15 ··· 171

고전 11:23-26 ··· 164

엡 2:14 ··· 178

빌 2:1-11 ··· 164

빌 2:6-11 ··· 31

살전 5:16 ··· 87

요일 3:9 ··· 85

계 14:4 ··· 44

참고문헌

『*Centuries of Meditations*』(Thomas Traherne, Cosimo, 2007)

『*Dein Reich komme*』(Dietrich Bonhoeffer, Furche-Verlag, 1958)

『*Deutsche Werke I*』(Meister Eckhart, übersetzt von Josef Quint, W.
　　Kohlhammer Verlag, 1958)

『*Deutsche Werke III*』(Meister Eckhart, übersetzt von Josef Quint, W.
　　Kohlhammer Verlag, 1975)

『*Deutsche Werke V*』(Meister Eckhart, übersetzt von Josef Quint, W.
　　Kohlhammer Verlag, 1963)

『*Meditations With Hildegard of Bingen*』(Hildegard of Bingen, translated by
　　Gabriele Uhlein, Bear & Company, 1983)

『*Meditations with Meister Eckhart*』(Meister Eckhart, translated by Matthew
　　Fox, Bear & Company, 1982)

『*Natural Grace*』(Matthew Fox & Rupert Sheldrake, Image Books, 1996),
　　『창조, 어둠, 그리고 영혼에 관한 대화』(東明社)

『*Original Blessing*』(Matthew Fox, Jeremy P. Tarcher/Putnam, 2000),
　　『원복』(분도출판사)

『*Showings*』(Julian of Norwich, Paulist Press, 1978)

『*The City of God*』(St. Augustine, Encyclopaedia Britanica, Inc., 1952)

『*The Essential Rumi*』(Rumi, translated by Coleman Barks, Castle Books,
　　1995)

『*The Flowing Light of the Godhead*』(Mechtild of Magdeburg, translated by Frank Tobin, Paulist Press, 1998). 독일 원서 제목은 『*Das in die wahrheitsliebenden und aufrichtigen Herzen fliessende Licht der Gottheit*』

『*The Kabir Book*』(Kabir, translated by Robert Bly, Beacon, 1971)

『가보고 싶은 정원 100』(진혜영 외, 국립수목원, 2016)

『거장과 마르가리타』(미하일 불가코프, 김혜란 역, 문학과지성사, 2008)

『공동체로 사는 이유』(에버하르트 아놀드, 토머스 머튼 해설, 김순현 역, 비아토르, 2018)

『그리스도를 본받아』(토마스 아 켐피스)

『그리스인 조르바』(니코스 카잔차키스, 이윤기 역, 열린책들, 2000)

『까라마조프 씨네 형제들 상』(표도르 미하일로비치 도스토예프스키, 이대우 역, 열린책들, 2014년 세계문학판 14쇄)

『마이스터 엑카르트는 이렇게 말했다』(마이스터 에크하르트, 매튜 폭스 해제, 김순현 역, 분도출판사, 2006)

『말하라, 어두워지기 전에』(노혜경, 실천문학사, 2015)

『루미평전: 나는 바람, 그대는 불』(안네마리 쉼멜, 김순현 역, 늘봄, 2014)

『메시지』(유진 피터슨, 김순현·윤종석·이종태·홍종락 공역, 복 있는 사람, 2016)

『반항인』(알베르 카뮈, 유기환 옮김, 한마당, 1987)

『백만 광년의 고독 속에서 한 줄의 시를 읽다』(류시화, 연금술사, 2014)

『별들의 바탕은 어둠이 마땅하다』(정진규, 문학세계사, 1990)

『브리다』(파울로 코엘료, 문학동네, 2010)

『사는 게 참 꽃 같아야』(박제영, 늘봄, 2018)

『생태주의자 예수』(프란츠 알트, 손성현 역, 나무심는사람, 2003)

『성 프란시스』(니코스 카잔차키스, 김성영 역, 고려원, 1989)

『신화의 힘』(조지프 캠벨, 이윤기 역, 고려원, 1992)

『실천이성비판』(임마누엘 칸트, 백종현 역, 아카넷, 2009)

『아름다운 영혼 행복한 미소』(마더 테레사, 김순현 역, 오늘의책, 2004)

『열하일기 上』(박지원, 리상호 역, 보리, 2004)

『영성-자비의 힘』(매튜 폭스, 김순현 옮김, 다산글방, 2002)

『예수 새로 보기』(마커스 보그, 김기석 역, 한국신학연구소, 1998)

『옥중서신 – 저항과 복종』(디트리히 본회퍼, 김순현 역, 복 있는 사람, 2016)

『장벽』(클로드 케텔, 권지현 역, 명랑한 지성, 2013)

『정원에서 하나님을 만나다』(비겐 구로얀, 김순현 역, 복있는사람, 2008)

『즐거운 마음』(마더 테레사, 김순현 역, 오늘의책, 2003)

『차마, 깨칠 뻔하였다』(김영민, 늘봄, 2018)

『천국과 지옥의 결혼』(윌리엄 블레이크, 김종철 역, 민음사, 1991)

『하나님의 아픔의 신학』(기타모리 가조, 이원재 역, 새물결플러스, 2017)

『하시디즘과 현대인』(마르틴 부버, 남정길 역, 현대사상사, 1994)

『흐르는 강물처럼』(파울로 코엘료, 박경희, 문학동네, 2006)